KB053387

프로 강사 정지승이
청춘에게 전하는 유쾌한 멘토링

20대 여성을 위한

자존감을 높이는 50가지 습관

미래지식

20대 여성을 위한

자존감을 높이는
50가지 습관

미래지식

머리말

자존감을 잃어버린
당신의 어깨를 토닥이며

저는 전국을 누비며 수많은 사람에게 강의를 합니다. 강의를 통해 대학생, 직장인, 군인, 경찰, 유치원 교사, 강사, 주부, 어르신 등 다양한 분야에 있는 사람에게 희망과 용기, 위로를 전파해주고 있습니다. 이 과정에서 큰 호응을 받았고, 또 적지 않은 분이 내 강의로 도움을 많이 받았다고 전해오셨지요.

참으로 감사한 일입니다. 한때 지방 구석에서 이름도 없는 강사였던 나로서는 가슴 벅찬 일일 수밖에 없습니다. 주부의 몸으로 강의를 시작했을 때, 다들 내게 우려의 눈길을 보냈습니다. 학벌도 변변 찮고, 키도 작고, 인상도 별로여서 절대 강사로 밥 벌어먹기 힘들다고 했지요.

그때 나에 대한 부정적인 편견에 눌려 주저앉았더라면 지금의 나는 없을 것입니다. 지금의 나를 만든 것은 내 속에 단단한 자존감이 있었기 때문입니다. '누가 뭐래도 나는 당당하고 멋진 강사야', '최선을 다하면 스타 강사가 될 수 있어'라는 생각을 했던 것이지요. 나는 자신에 대한 존중과 믿음이 매우 굳건했습니다. 그래서 지금은 전국구 강사로서 탄탄대로를 가고 있습니다.

수많은 강의를 하면서 유독 눈에 밟히는 이들이 있습니다. 20대 여성입니다. 강의실에서는 물론 사회에서 그들을 만나면, 하나같이 힘이 없습니다. 30대에 성취해야 할 목표를 설정해야 하는 중요한 시기인데, 꿈도 열정도 없는 듯했습니다. 그들만의 책임은 아닙니다. 기성세대가 20대 여성들이 비전을 품을 수 있도록 사회적 여건을 만들어주지 못한 탓입니다.

소중한 것을 하나하나 포기해야 하는 '포기의 세대'가 오늘날 20대 여성입니다. 정말 속상한 일입니다. 20대 여성의 아픔이 남의 일 같지 않았습니다. 그래서 시간이 날 때마다 강의실에서, 그리고 캠퍼스와 카페에서 그들의 고민을 함께 나누어왔지요. 이 과정에서 그들에게 절대적으로 필요한 게 무엇인지 깨닫게 되었습니다.

그건 바로 '강한 긍정의 자기 세포 회복 탄력성'을 끌어올릴 수 있는 자존감이었습니다. 각박한 현실은 20대 여성에게서 자존감을 자꾸 빼앗아가지만, 자존감은 끝까지 지켜내야 합니다. 멋진 인생을 살아가려면, 자존감은 선택이 아닌 필수입니다.

자존감은 주변의 여건이 좋아져야만 생기는 게 아닙니다. 자존감은 20대 여성의 권리이자 의무입니다. 어디에도 휘둘리지 않는 자신을 만들기 위해, 상처에서 해방되기 위해, 내 삶의 중심을 지키기 위해, 후회 없는 하루하루를 보내기 위해 필요한 게 자존감입니다.

그래서 '20대 여성을 위한 자존감을 높이는 50가지 습관'을 엮어 보았습니다. 다양한 성향을 지닌 20대 여성들을 상담한 경험, 오랜 현장 강의와 심리 연구 기록을 바탕으로 만들었으며, 현실 생활에서 지금 바로 적용할 수 있는 실전 방법을 다루었습니다. 이 책을 통해 자존감을 키우는 습관을 익히고 실천한다면 틀림없이 튼튼한 자존감이 생길 것이라 확신합니다.

자존감을 키우는 다양한 습관들이 아프고 힘든 오늘날 20대 여성들에게 도움이 되길 바라며, 눈부신 청춘을 허투루 보내지 않길 바랍니다.

풋내가 나고 맛도 쓴 볼품없는 어린 열매는 강한 바람과 뜨거운 햇볕, 그리고 긴 시간을 온 힘을 다해 꿋꿋하게 이겨낸 후에야 달콤하고 향긋한 어여쁜 과일이 될 수 있습니다. 고난과 역경은 인생의 밑거름입니다. 그 밑거름을 온몸과 마음으로 끌어안을 수 있어야 행복을 안겨주는 기쁨의 결과이자 무르익은 완생의 나를 만날 수 있습니다.

마지막으로 엄마라는, 아내라는 자리를 잃지 않으면서도 최고의 강사가 될 수 있도록 안으로 밖으로 힘차게 응원해준 나의 두 아들과 사랑하는 내 평생의 반쪽님에게 감사합니다.

　당신들이 있었기에 이 자리, 이 순간에 행복이 있을 수 있습니다. 덕분입니다. 사랑합니다. 감사합니다.

정지능

차례

2장

자존감을 높이는 실전 법칙 | 자기 성장

3장

자존감을 튼튼하게 다지기 | 자기 반성

4장

자존감을 높이는 현명한 선택 | 내면 성찰

5장

자존감을 위한 조언 | 용기 증진

부록 | 셀프 자존감 테스트

1 _장

자존감을 높이는
기본 법칙
:
관계 해방

01

타인의 기대는
저 멀리로

"부모님 때문에 고민이에요."

강사 교육을 받으러 온 20대 후반 여성이 속내를 털어놓았다. 그녀는 좋은 대학을 나왔고 남부럽지 않은 회사에 다니다가 뜻한 바가 있어 강사의 길에 들어서려고 마음을 먹었다. 그녀는 여행이라는 자신의 취미를 살려서 여행 강사가 되고 싶다며 내게서 프로 강사의 강의 기술을 배우고 싶어 했다.

그런데 그녀가 풍기는 느낌은 한눈에 봐도 모범생이었다. 옷 입은 모

양새나 행동거지, 말투 어느 하나 허투루 하는 법이 없었다. 그녀는 정해진 규칙에서 단 한 치도 벗어나는 걸 용납하지 않는 성향을 지녔다.

"부모님이 모두 교육자세요. 그래서 전 어릴 때부터 항상 모범생으로 살아가야 했죠. 공부도 잘 해야 했고, 행동도 조심스럽게 해야 했어요. 제가 맏이라 부모님이 큰 기대를 하기 때문이었죠. 그래서 늘 부모님의 기대에 맞추어 살아왔어요. 그런데 사회인이 되고 보니 내가 하고 싶은 걸 해야겠다는 생각이 들었어요. 그래서 좋아하는 여행을 마음껏 하면서 살 수 있는 여행 강사를 하려고 회사를 그만두려 하는데 부모님 반대가 아주 심해요. 절대 회사를 그만두지 말라는 거예요."

난 밝게 미소를 지으며 말했다.

"여기 오시길 잘했어요. 여성분들 중에 강사님 같은 경우가 많아요. 전 개인적으로 강사님처럼 인생을 개척하려는 분들에게 용기를 북돋워 주고 싶어요. 남이 우리 인생을 대신 살아주지는 않잖아요? 이제껏 강사님은 지나치게 부모님 기대에 맞추려 했고, 또 부모님에게 인정받으려고 애쓰며 살아온 것 같네요. 이제부터라도 부모님 기대에서, 인정받으려는 욕구에서 자유로워지세요. 그래야 진정한 자기 삶이 펼쳐져요."

유대인 교리에 '내가 나를 위해 내 인생을 살지 않으면 대체 누가 나를 위해 살아준단 말인가?'라는 말이 있다. 그런데 실상은 안타깝다. 주위를 둘러보면 다들 부모님과 사회의 기대에 맞추어 살아간다. 특히 적극적인 발언을 하지 못하는 여성은 남성보다 더한 듯하다.

자, 그렇게 주위의 기대 대로 좋은 대학, 좋은 직장, 좋은 배필을 만나 결혼하면 만사 끝인가? 이제는 안다. 그건 나의 진짜 인생이 아니라는 것을. 그건 그저 타인의 기대에 맞추고, 타인에게 인정받으려고 가짜 인생을 살아온 것일 뿐이다. 이 점을 잘 아는 요즘 여성들은 결혼에 목 매지 않고 자기가 꿈꾸어오던 길을 새롭게 찾아 걸어가는 경우가 많다.

나 역시 그랬다. 부모님 반대를 무릅쓰고 여군에 입대했다. 여군에 지원한 건 취업 일환이었지만, 군대는 어느 정도 내 체질에 맞는 듯했다. 하지만 여군 임기를 마친 후 평범한 삶을 이어갔다. 군에서 만난 남편과 결혼해 평범한 날들을 보냈다. 그러는 사이에 두 아이를 낳고 기르는 데 정신이 없었다.

그러던 어느날 내 속에서 여군 DNA가 꿈틀거렸다. 마음 깊은 곳에서 이런 질문이 떠올랐다.

'이렇게 단지 주부로 살 거야?', '네 적극적이고 활동적인 모습은 어디로 갔어?'

그래서 강사로 나서기로 했다. 남편은 선뜻 동의하지 않았지만 내가 고집을 굽히지 않자 결국 지원해주었다. 이렇게 해서 강사의 길로 들어선 이후, 지금은 프로 강사로 인생의 2막을 화려하게 살고 있다.

이제는 강사가 아닌 정지승은 상상할 수 없을 정도가 되었다. 이렇듯, 진실한 내 가치를 발견하고 진정한 삶을 누리고자 한다면 주위의 기대에 휘둘리지 말아야 한다. 부모님 반대에도 여군에 입대하고, 남편의 반대에도 강사의 길에 도전했듯이 말이다. 부모님, 남편 어느 누구도 내 인생을 책임지지 못한다. 그들 중 누구도 내 인생을 대신 살아주진 않는다.

《내가 원하는 삶을 살았더라면》을 저술한 브로니 웨어Bronnie Ware

는 평범한 직장 생활에서 만족감을 얻지 못했다. 그런 그녀는 말기 환자를 돌보는 호스피스 일을 시작하면서 삶의 의미를 찾기 시작했다. 그러면서 말기 환자들이 공통으로 가장 크게 후회하는 것을 알게 되었다.

'다른 사람이 아닌 내가 원하는 삶을 살았더라면'

부모나 형제, 주변 사람들이 원하는 삶이 아닌 내가 진정으로 원하는 삶을 살려면 어떻게 해야 할까? 그렇다. 타인의 기대에 얽매이지 말아야 한다. 가족과 사회의 기대에 맞추는 삶은 나의 삶이 아닌 다른 사람의 삶이다. 타인의 기대를 미련 없이 뿌리치는 순간 비로소 활기차고 밝은 나만의 삶이 시작된다.

02

상처
털어놓기

얼마 전 드라마 〈사임당, 빛의 일기〉가 방영되면서 사임당의 일생이
재조명된 적이 있다. 사임당은 아주 출중한 그림 실력을 지니고 있다.
그런 그녀는 아들과 함께 참가한 중부학당 시화전에서 붓조차 제대로
들지 못한다. 그녀는 자신의 실력을 전혀 발휘하지 못해 장원 자리를 휘
음당에게 뺏기고 만다.

사임당은 왜 제 실력을 발휘하지 못했을까? 그건 바로 트라우마 때
문이다. 드라마 속 그녀는 자녀 여럿을 둔 어엿한 가정주부이다. 하지

만 20년 전에 있었던 기억이 아직도 그녀를 괴롭히고 있었다. 오래전 그녀는 운평사에서 차마 눈 뜨고 보지 못할 살육 사건을 목도했다. 그 충격적인 기억이 그녀의 잠재의식에 그대로 남아 있었기에 그 기억이 되살아나는 순간마다 몸서리쳐야 했다. 그런 그녀가 탁월한 그림 실력을 발휘하려면 과거의 트라우마를 잘 극복해야만 했다.

드라마 〈피고인〉의 차민호도 그렇다. 그가 아무렇지 않게 폭력과 살인을 저지르는 사이코패스가 된 이면에는 어릴 적 아버지에게 무시당하고 폭력을 당해왔던 상처가 숨어 있다. 그는 내면에 깊이 파인 상처에 휘둘리고 만 끝에 비극의 중심에 서게 되었다.

이처럼 온전히 치유되지 않은 과거의 상처는 한 사람의 인생을 뒤흔들어 버린다. 17년간 다양한 테마로 강의를 하면서 만났던 사람들 중에 문제가 있는 이들 역시 하나같이 상처를 안고 있었다. 특히 '아름다운 성'이라는 제목으로 교육을 할 때면 직장인 여성들이 심심치 않게 심각한 고민을 털어놓았다.

백화점에서 근무하는 B 씨가 그랬다. 전체적으로 밝은 표정을 하고 있었지만 어딘가 모르게 불안한 기미가 보였던 그녀가 말했다.

"남자 친구하고 스킨십이 잘 되지 않아요."

"혹시 스킨십에 거부 반응이 있습니까?"

내 질문에 그녀가 고개를 끄덕이며 그렇다고 했다.

"어떨 때는 스킨십을 할 때 구역질이 나올 때가 있어요."

그 말을 듣고 나자 원인을 짐작할 수 있을 것 같았다.

"아픈 기억이 있나 보죠? 그렇다면 제게 솔직히 말해보세요. 이런 기회가 과거의 상처에서 벗어날 수 있는 계기가 된답니다."

그녀에게는 어린 시절에 오빠에게서 성추행을 당한 기억이 있었다. 맞벌이 부부였던 부모가 집을 비우는 시간이 많았는데, 오빠가 폭군처럼 행세하면서 자신을 함부로 대했다는 것이다. 그녀는 말을 다 끝맺지 못하고 눈물을 흘렸다. 그녀는 항상 밝고 화통하게 사람을 대하는 내 모습에 용기를 내어, 자신의 시퍼런 상처를 처음 공개했다고 했다. 막상 어디서도 입 밖에 내놓지 않았던 상처를 고백하고 나니 후련하다고 했다.

오프라 윈프리도 자신의 상처를 만방에 후련하게 공개하고 나서 비로소 트라우마를 극복할 수 있었다. 인기 토크쇼 진행자였던 그녀는 성폭력, 성차별, 이혼, 아동 학대에 대해 방송을 하면서도 정작 자신의 아픈 상처는 꽁꽁 숨겨왔다. 그런 그녀가 1990년 5월 방송에서 눈물을 펑펑 흘리며 성폭력을 당했던 상처를 만방에 털어놓는다. 이때 그녀는 과거의 일이 결코 자신의 잘못이 아니었는데도 마치 자신의 잘못인 것처럼 여겨왔음을 반성하게 된다. 이로 인해 그녀는 상처를 극복할 수 있었고, 이를 발판으로 만인과 공감하는 세계적인 방송인이 될 수 있었다.

사람의 발목을 잡는 상처는 다양하다. 성추행과 성폭행, 가정 폭력, 지인의 죽음, 대형 참사와 자연재해 등 여러 유형이 있다. 이러한 상처는 공통적으로 자존감의 기둥을 갉아 먹는다. 또한, 자아에 대한 긍정적인 마음을 송두리째 뿌리 뽑아버린다. 그 결과, 항상 불안해지고 불면증과 악몽에 시달리게 된다. 원만한 대인 관계를 방해하는 것은 물론 자기 학대로 몰고 가기도 한다. 그러다가 상처의 기억과 비슷한 상황에 노출

되면 심한 고통을 겪는다.

수많은 청중을 대상으로 강의를 하는 나는 때때로 심리상담사 역할을 하기도 한다. 여러 유형의 상처로 괴로움을 겪는 이들이 내게 도움을 요청해온다. 그렇다고 그들에게 대단한 상처 치유 해법을 주진 못한다. 내가 그들에게 줄 수 있는 건 꼭꼭 닫아건 상처의 문을 열어주는 기회를 주는 것뿐이다.

단지 나는 편안히 그들의 말에 귀 기울여준다. 그럼으로써 그들이 상처를 회복할 첫 단추를 끼우게 한다. 과거의 상처를 지혜로 바꾸는 요령은 바로 이것이다.

"상처를 치유하기 위해선 당신을 이해할 수 있는 사람에게 터놓고 상처를 이야기하세요. 과거의 두렵고 수치스러운 기억을 홀가분하게 털어놓는 것 자체가 치유의 한 과정입니다."

03

프로크루스테스
콤플렉스에서 벗어나자

한번은 동거 중인 연인이 찾아왔다. 여성은 20대 중반이고, 남성은 20대 후반이었다. 주말을 이용해 멀리 부산에서 대전까지 나를 찾아왔다. 나와 고민 상담 건으로 메일을 주고받던 여성이 애인과 함께 나를 만나기로 했다. 점심을 함께하면서 두런두런 대화를 나누다 보니, 여성과 그의 애인 사이에 감정의 골이 깊이 파여 있음을 눈치챌 수 있었다.

여성이 퉁명스럽게 말했다.

"남자 친구가 늘 불만이에요. 난 항상 집안을 깨끗하게 청소하는데 남자 친구는 늘 집안을 아무렇게나 어질러놓아요. 집안일도 전혀 하지 않고요. 빨랫감만 해도 그래요. 속옷이나 양말을 빨래 바구니에 넣기만 하면 되는데 그냥 세탁기 위나 거실에 던져버리는 거예요."

들고 있던 그녀의 애인이 말했다.

"늘 야근을 해서 늦게 집에 오면 피곤해서 그렇지. 빨랫감을 아무렇게나 놓는 건 나도 모르게 가끔 그런 것일 뿐인데 뭘 그런 거로 그렇게 요란을 피워."

이렇게 연인 사이에 오고 가는 이야기를 듣고 있다가 혹시 성性 관련 문제가 있는가 싶어서 물어봤더니 그건 크게 문제 되지 않는 듯했다. 얼마 지나지 않아 새로운 사실을 알 수 있었다. 여성은 고졸, 남성은 대졸 출신이었다.

둘은 1년여 연애를 하다가 작년부터 동거를 시작했는데 그때부터 삐걱거리기 시작했다고 한다. 사사건건 의견 충돌을 일으키다 보니 결국 방을 따로 쓰게 됐다는 거다. 그렇다고 헤어지는 걸 생각하지는 않았다.

남녀 관계, 부부 문제로 다년간 상담 경력이 있는 나는 조심스레 하나를 의심해보았다.

"여성분이 남자 친구에게 지나친 기대를 하는 건 아닌지 의심이 됩니다. 남자 친구에 대한 불만 사항이 더 있죠?"

여성이 쭈뼛거리다가 입을 열었다.

"물론 그렇죠. 남자 친구는 서울에 있는 명문 대학을 나왔는데도 집안에서는 아주 교양이 없게 행동해요. 말투도 그렇고, 행동거지도 영 마음에 안 들어요. 게다가 교양을 갖춘 사람으로서 예의라곤 눈곱만치도 찾아볼 수 없어요. 나를 함부로 대하는 것 같아요."

나는 문제의 원인과 해법을 말해주었다.

"여성분이 남자 친구에게 너무 많이 기대하고 있어서 둘 사이에 문제가 생긴 듯합니다. 여성분은 자신이 설정한 높은 기대치에 맞게 남자 친구가 행동하길 바라고 있어요. 남자 친구를 머릿속에 세워놓은 이상적인 인물에 끌어다 맞추는 경향이 있는 거죠. 그러다 보니 늘 남자 친구가 못마땅하게 여겨지는 거예요. 현실에 있는 남자 친구를 있는 그대로 받아들이는 자세가 필요해요."

부부의 경우, 남편이 이상화한 이미지대로 부인이 행동하길 바라면서 둘 사이에 갈등이 생기는 경우도 많다. 대개 남성은 부인이 자신의 어머니처럼 행동하길 바란다. 더 헌신하고 더 포용하며 더 귀 기울여주길 바란다. 그래야만 진정한 아내라고 한다. 이러면 정말 피곤한 일이 아닐 수 없다. 세상에 그런 아내가 되길 바라는 여성이 어디 있겠는가. 현실의 아내를 있는 그대로 받아들여야만 한다.

모든 인간관계가 그렇다. 남녀 관계, 부부 관계, 부자 관계, 친구 관계, 이웃 관계, 사제 관계, 상사·부하 관계 등에서 타인에 대한 지나친 기대를 품고 타인이 그렇게 행동하도록 요구하면 안 된다. 나 자신조차 이상화된 자신의 이미지에 맞추어 살아가기가 벅차다. 그런데도 타인에게 내가 정한 이상화된 상에 맞추어 행동하길 요구한다는 건 관계 갈등의 도화선이나 다름없다. 있는 그대로 타인을 인정하고 포용하는 자세가 있어야 조화롭고 원만한 인간관계가 맺어진다.

그리스 신화에 프로크루스테스 거인의 이야기가 나온다. 노상강도인 프로크루스테스 거인은 나그네를 잡아 와 집에 있는 쇠로 된 침대에 눕힌다. 그러곤 나그네의 키가 침대보다 크면 몸을 자르고, 나그네의 키가 침대보다 작으면 몸을 늘렸다. 이렇게 자기 마음대로 타인을 맞추려는 행위를 가리켜 '프로크루스테스 콤플렉스'라고 한다.

타인에게 지나친 기대를 요구하는 건 프로크루스테스 콤플렉스에 사로잡힌 것이나 다름없다. 이 콤플렉스에 빠져 있다면, 주위에 사지가 온전한 사람이 몇이나 될까? 생각만 해도 아찔하다. 그러니 당장 프로크루스테스의 침대를 던져버리자.

04

나와 너를
긍정하라

"어쩜 그렇게 웃음이 많으세요. 저도 기분이 좋아지네요."

모 화장품 기업체에서 CS(고객만족) 교육을 할 때였다. 유난히 얼굴에 웃음기가 가득한 여성 직원이 눈에 띄어서 그녀에게 말했다. 전문가인 내 눈으로 볼 때 틀림없이 그 직원은 친절하게 고객을 대할 거라는 확신이 들었다. 웃음 많은 사람치고 주변 사람들과 잘 어울리지 못하는 경우가 없기 때문이다.

수많은 기업체, 관공서에서 CS 교육을 해왔는데, 이 교육의 핵심은 한마디로 '친절'이라 볼 수 있다. 고객에게 친절하게 응대할 때 고객은 자신이 존중받는다는 느낌을 받고 해당 기업 제품을 구매한다. 그렇지 않고 고객에게 불친절하면 고객은 불편한 감정이 들어 그 기업 제품을 외면해버린다. 그래서 현장에서 고객을 매일 상대하는 직원들에게는 친절이 매우 중요하다. 사실 친절을 베풀기 위해서는 아주 사소한 것을 실천하기만 하면 된다. 그건 바로 웃음이다. '웃는 얼굴에 침 못 뱉는다'는 말이 있듯이, 잘 웃는 사람에게는 아무리 성질 고약한 사람도 화를 내기 어렵다. 치밀어 오르던 화도 어디론가 사라져버린다.

그런데 수많은 기업체, 관공서 직원들을 접하다 새로운 사실을 발견했다. 특별히 교육을 받지 않았어도 웃음이 몸에 밴 직원이 있는가 하면, 아무리 교육을 해도 잘 웃지 못하는 직원이 있었다.

왜 이런 일이 생길까? 자라난 환경이 결정적이다. 잘 웃는 가정에서 자라났으면 웃음이 몸에 밸 것이고, 그렇지 않은 가정에서 자라났으면 잘 웃지 못할 것이다. 이것이 피상적인 해석이라 생각되면, 이를 심리학적으로 풀이한 다음 내용을 살펴보자.

미국의 정신의학자 에릭 번Eric Berne은 상호교류분석이론을 주장했다. 이는 타인과 맺는 상호 관계를 4가지 유형으로 분류한 것이다.

1. **자기 긍정 타인 긍정형** 나도 주위 사람도 모두 좋다.
2. **자기 긍정 타인 부정형** 나는 옳지만 남은 그르다.
3. **자기 부정 타인 긍정형** 나는 주위 사람에 비해 형편없는 사람이다.
4. **자기 부정 타인 부정형** 나도 세상도 모두 틀렸다.

여기에서 잘 웃는 사람은 '자기 긍정 타인 긍정형'에 해당한다. 이와 달리 잘 웃지 못하는 사람은 나머지에 해당한다. 즉, 잘 웃는 사람은 어릴 때 가정에서 자기와 타인을 긍정하는 태도를 익혔지만, 잘 웃지 못하는 사람은 자기 긍정 타인 부정, 자기 부정 타인 긍정, 자기 부정 타인 부정의 태도가 몸에 밴 것이다.

이처럼 잘 웃기 위해서는 자기 자신과 더불어 타인에게 긍정의 마음을 가져야 한다. 그래야 웃음을 생활화할 수 있으며, 그럼으로써 타인과 원만한 관계를 맺을 수 있다.

《완전한 자기 긍정 타인 긍정》의 지은이 에이미 해리스Amy Harris 는 말한다.

"'자기 긍정-타인 긍정'의 태도는 감정보다는 의식적인 생각, 신념, 행동 결정에 기반한다. 그것은 어린 시절을 보냈던 가정을 거부하고 더는 무기력하고 의존적인 아이로 살지 않겠다는 결정이다."

나는 옳지만 타인은 모두 그르다고 보는 여성, 나는 주위 사람에 비해 형편없다는 여성, 나도 세상도 다 틀렸다고 보는 여성은 타인과 정상적인 관계를 이어갈 수 없으며, 잘 웃을 수도 없다. 이런 여성에게 필요한 건 자기와 타인을 긍정하는 태도다.

05

화병은
완벽주의에서 생긴다

"화가 나서 도저히 못 참겠어요."

"화 때문에 미치겠어요."

근래 화 때문에 괴로워하는 여성을 자주 만난다. 현장에서 고객을 상대하는 여성 직원과 콜 센터 직원, 취업 준비 여성과 여대생이 대부분이다. 직장 생활 중 마주치는 동료나 상사와의 관계에서, 또 고객과 맺는 관계에서 생기는 화는 어제오늘 일이 아니다. 요즘에는 취직난으로 20대 여성들이 지닌 스트레스도 이만저만하지 않다.

그래서인지 나에게 고민 상담을 요청하는 이들이 많다. 그들을 만나 보면 정말 남의 일 같지가 않다. 연애, 결혼, 출산을 포기했다고 해서 '삼포 세대'라는 말이 생겼는데 이제는 이것도 한물간 듯하다. '오포 세대', '칠포 세대'라는 말까지 나왔기 때문이다.

세 가지를 포기한 것에 더해 집과 경력을 포기해 오포 세대가 되고, 여기에다 희망과 인간관계마저 포기해 칠포 세대까지 되었다. 이러니 요즘 20대 여성이라면 울화통이 터지지 않고서야 배길 수 없다. 이들의 증상은 이렇다. 작은 일에도 짜증과 신경질이 나거나 가슴이 자주 두근거리며 갑자기 사람들이 미워지고 누군가에게 하소연하고 싶어진다. 또한, 별 이유 없이 화를 낸 후 후회하거나 억울한 일을 많이 겪었다고 생각하기도 하며, 감정 기복이 심하고 갑자기 눈물이 나기도 한다.

이런 화병 증상이 나타날 때는 다음 6가지를 지키는 게 도움이 된다.

1. 규칙적인 운동을 한다.
2. 카페인을 줄이고, 균형 있는 식사를 한다.
3. 심호흡, 이완, 명상 요법 등을 한다.
4. 충분한 수면을 취한다.
5. 과로하지 않으며, 휴식 시간을 충분히 즐긴다.
6. 동료, 친구 등 자신의 어려움을 터놓을 수 있는 관계를 만든다.

하지만 이는 사실 근본적인 대책이 아니다. 나의 20대 이야기를 잠깐 해보자. 남아선호사상이 강한 부모님은 여자인 나를 대학에 보내려고 하지 않았다. 그렇지만 끈질기게 부모님을 설득한 끝에 대학에 진학할 수 있었다. 등록금은 새마을금고에서 대출받았는데 내가 갚는다는 조건이었다. 게다가 대학을 진학한 후 들어가는 모든 비용은 내가 벌어야만 했다.

방학에는 아르바이트를 많게는 네 개까지 했다. 새벽 다섯 시에 일어나서 우체국 우편물 분류 작업, 아홉 시부터 오후 한 시까지는 114 안내요원, 한 시부터 다섯 시까지는 빵집, 여섯 시부터 열한 시까지는 카페에서 아르바이트를 하며 다람쥐 쳇바퀴 돌듯 정신없이 하루를 보내야 했다. 대학 생활의 낭만과 추억은 한 줌도 쥘 수 없었다.

그러다가 먹고살아 가기 위한 방편으로 여군에 입대했다. 당장 직장을 잡아서 독립해야 했기 때문이다.

이렇듯 나의 20대도 요즘 20대 여성과 비슷하다. 화가 나서 미칠 것 같은 상황의 연속이었다. 지치고 의기소침해질 때가 적지 않았지만 결코 화를 내지는 않았다. 찢어지게 가난한 집안에서 여자인 내가 대학에 진학할 수 있었다는 사실에 크게 감사했기 때문이다. 그 감사한 대학 생활을 하게 된 나로서는 아침 일찍부터 밤늦게까지 아르바이트를 하는 게 아주 당연하다고 생각했다. 현실 속 부족한 나를 인정했고, 나를 받아들였다. '이게 바로 나야'라고 수도 없이 외쳤다. 애초에 완벽주의를 버렸기 때문에 화가 잘 나지 않았다.

이런 내 젊은 날을 참고해서 화에 지지 않는 근본 대책을 말해주고 싶다.

"애초에 완벽한 사람은 없어요. 그러니 지나치게 완벽주를 추구하지 마세요. 그러면 몸도 마음도 쉽게 지치고 또 화를 낼 수밖에 없어요. 현실 속의 나 자신을 있는 그대로 인정하세요. 취직 못 한 나, 연애 못 하는 나, 결혼 못 하고 집이 없는 나, 그냥 그대로 인정하세요. 그게 진짜 나입니다. 여기부터 한 걸음씩 나아가는 게 필요해요. 완벽주의에 대한 강박관념은 화를 불러올 뿐입니다."

06

누구나
열등감을 지니고 있다

구루병을 지니고 태어났고 외모가 추하며 매사에 행동이 느린 아이가 있었다. 아이는 형제와 친구에게 따돌림을 받았다. 중학생일 때는 수학을 아주 못해 수학 선생님에게 자퇴해서 구두 수선공이나 되라는 말을 들었다.

하지만 이 아이는 선생님의 그 말에 자극을 받았고, 중학교를 졸업할 때는 반에서 최우수 학생이 되었다. 질병으로 육체적, 정신적 고통을 겪고 심한 열등감에 빠졌던 아이는 훗날 의사가 되기로 결심하고 일류 학교 중 하나인 비엔나대학교 의과대학에 입학했다. 이 아이는 나중에 상담소를 열어 열등감과 정신적 문제로 고생하는 사람들에게 많은 도움을 주었다.

이 아이가 바로 개인심리학의 거장 알프레드 아들러Alfred Adler다. 그는 열등감 이론을 창시하면서 이렇게 말했다.

"인간은 타고난 열등감을 극복하고 우월성을 성취하려는 존재다."

열등감은 남과 비교해서 자기가 뒤떨어지고 못났다고 보는 생각이다. 사실 열등감은 아들러처럼 예외적인 몇몇 사람만 지니고 있는 게 아니다. 대다수의 사람이, 아니 거의 모든 사람이 크고 작은 열등감을 지니고 있다.

역사적 인물 가운데는 열등감을 이기지 못하고 불행한 삶을 산 사람이 적지 않다. 그 대표적인 인물인 아돌프 히틀러Adolf Hitler는 가난한 집안, 술주정뱅이 아버지, 낙제와 퇴학, 변변하지 못한 학벌 등의 이유로, 말하자면 열등감의 화신이었다. 더욱이 부유한 유대인에 대한 증오감으로 불타올랐던 그는 결국, 제2차 세계대전 중 600만 명에 달하는 유대인을 학살했다.

조선의 21대 영조는 유능한 왕이었지만 그에게도 열등감이 있었다. 어머니의 신분이 천했기 때문이다. 그래서 그는 신하들이 자신을 무시하지 못하도록 왕권을 강화했다. 하지만 이 과정에서 마음에 들지 않는 아들을 뒤주에 가둬 죽이는 비극을 저지르고 만다.

이와 달리 열등감을 자신감으로 승화한 위인도 적지 않다. 스티븐 호킹Stephen Hawking 박사는 루게릭병 때문에, 버락 오바마Barack Obama

미국 전 대통령은 흑인이기 때문에 열등감을 지녔지만, 이들은 멋지게 극복해냈다. 정신과 의사에 따르면 열등감은 다음 3가지 잘못된 생각 때문에 생긴다고 한다.

1. 나에게는 매우 특별한 것이 있다.
2. 그 특별한 것은 나쁜 것이다.
3. 그런데 그것이 내 인생에 큰 영향을 미친다.

이처럼 나에게만 특별히 나쁜 것이 있다고 생각하면서, 그것이 내 인생을 망친다고 보는 잘못된 사고는 열등감을 낳고 만다. 그런데 실상 열등감을 지니고 있어도 그렇지 않아 보이는 경우가 많다. 열등감을 지니고 있는 사람은 다음 5가지 유형에 해당하는 경우가 많으니 참고해보자.

■ 5가지 열등감 유형

• 현실도피 유형
  받아들이기 싫은 일은 무조건 피하고 본다.

• 유머러스한 유형
  겉으로는 낙천적으로 보이지만 유머로 열등감을 감춘다.

- 우유부단한 유형

  줏대가 없기에 주위 사람에게 인정받기 위해 갈팡질팡한다.

- 겁쟁이 유형

  새로운 일이나 경쟁을 피한다.

- 공격적인 유형

  공격적 행동을 통해서만 안정감을 찾는다.

약대를 다니는 J 씨는 유머러스한 유형이었다. 이 여성은 집안도 좋은 데다 외모도 준수하고 패션 감각도 뛰어났다. 그녀는 사람이 여럿 모인 곳에서는 어김없이 유머를 발휘해 이목을 끄는 재주가 있었다. 대학 동기들은 그녀에게 열등감이라곤 전혀 없을 거라고 믿었다. 그런데 사실은 달랐다.

그녀에게는 그보다 뛰어난 언니가 있었다. 언니는 전국구 수재였으며 S대 의대에 진학했다. 이런 언니에게서 그녀는 어릴 때부터 열등감을 많이 느꼈다고 했다. 열등감으로 힘들어하던 그녀에게 어느 책에서 읽은 한 구절을 전해주었다.

"누구나 약점을 지니고 있습니다. 그런데 그 약점을 인정해야 행복해집니다. 자기 약점을 인정할 수 있기 때문에 다른 사람을 편하게 대할 수 있지요. 자기 약점을 인정함으로써 약점이 없는 것과 같은 행복감을 맛볼 수 있답니다."

07

당당하게, 요령껏
거절하라

"전 성격이 소심해서 남의 부탁을 거절하지 못해요. 그래서 늘 스트레스가 심하고 또 학업과 생활에도 집중을 못 하겠어요."

모 대학에서 특강이 끝나자, 앳된 여대생이 내게 다가와 말했다.

"마음이 여리고 착한가 보군요. 착한 사람이 되는 건 바람직하지만 그렇다고 남의 호구가 되어선 안 돼요. 싫은 건 단호하게 싫다고 말할 수 있어야 해요."

이렇게 똑 부러지게 말해주자 여대생이 시무룩해졌다. 그럼 어떻게 하면 좋겠느냐는 표정이었다. 사실 주변에는 이렇게 '착한 사람 증후 군'에 빠진 여성이 많다. 어릴 때부터 집안에서 '착한 사람이 되어라'라 는 말을 들으면서 자라온 탓이다. 이런 여성의 공통점은 절대 남에게 피 해를 주지 않는다는 점이다. 오히려 자기를 희생해서라도 남에게 도움 을 주고자 한다.

또한, 이들은 자신에 대한 타인의 평판에 매우 예민하다. 그래서 친구 나 어르신, 선생님, 선배, 직장 상사가 자신을 좋게 평가하도록 매사에 행동을 삼간다. 타인에게 절대 자기주장만을 고집하지도 않는다.

심지어 남자의 고백을 거절하지 못하는 여성도 적지 않다. 분명히 자 신만의 이상형이 있음에도 이런저런 호의를 받아왔기에, 그동안 맺어 온 인간관계 때문에 원하지 않는 남자의 고백에 응하는 경우도 있다.

이렇게 단지 착하게만 살아가는 사람이 정상이라고 할 수 있을까? 결 코, 그렇지 않다. 자기 줏대가 없는 이런 사람은 평생 타인의 요구대로 이리저리 끌려다니고 말 거다. 착하다는 평가를 받기 위해 자신만의 가 치를 내동댕이쳐서는 안 된다. 인간관계의 정에만 얽매이지 않고 자신 의 가치를 추구하는 게 진정한 삶이다.

정상적인 인간관계를 이어가기 위해서는 단지 남의 부탁을 들어주 기만 하는 'YES 우먼'이어서는 곤란하다. 남의 부탁을 단호하게 거절 할 수 있는 'NO 우먼'이 되어야 바람직한 인간관계가 이어진다. 사람 들 속에서 부대끼며 살아가다 보면 갈등과 고통은 불가피하다. 특히, 타 인의 부탁을 거절하면서 갈등과 심적 고통이 생기는 것은 당연한 거다. 착하기만 해서 이런 고통을 회피하면 오히려 자신만 상처받을 뿐이다.

《거절 못 하는 나는 분명 문제가 있다》를 쓴 심리전문가 박수애는 말한다.

"거절은 쓸데없는 약속에 대한 부담을 덜어준다. 약속을 지키는 데는 심리적 압박감이 수반된다. 그러므로 사소한 약속을 자꾸 하고 그 약속을 지키다 보면, 사소한 일까지 요청하고 약속을 받아내는 상대방에게 짜증이 난다. 이렇게 되면 정말 중요한 때 그 사람을 기쁜 마음으로 도와줄 수 없게 된다. 따라서 정말 좋은 사람이 되는 열쇠는 기분 좋아지라고, 또는 안심하라고 순간적으로 남발하는 'YES'가 아니라 바로 적절한 거절에 있다."

행복한 삶을 살고자 한다면 결코 모든 사람에게 인정받으려 하지 말아야 한다. 내 행복을 위해 내 감정과 의견, 가치를 주장할 수 있고, 나를 우선시할 수 있으며, 타인의 부탁을 거절할 권리가 있다. 그러기 위해서는 효과적으로 거절을 할 수 있어야 하는데, 그 요령과 주의 사항은 이렇다.

■ 거절 요령 3단계

1단계 처음 부탁을 받았을 때 긍정적으로 평가하기
상대방을 무안주지 않기 위해서다.

2단계 거절 이유를 구체적으로 밝히기
거절할 수밖에 없는 이유를 모호하지 않게 말해야 상대방이 이해할 수 있다.

3단계 대안 제시하기

거절하더라도 인간관계의 끈을 놓지 말아야 한다. 그러니 거절하면서도 다음 기회를 남겨주자.

■ 거절시 주의 사항 4가지

1. 무관심하거나 비언어적인 방식으로 회피하지 않기

　이러한 행동은 자칫 상대방에게 무시당했다는 느낌을 주곤 한다.

2. 우회적인 표현이나 불명확한 응답을 하지 않기

　명확하게 '예/아니요'라고 말하지 않으면 상대방이 자신이 원하는 대로 생각할 가능성이 크다. 즉, 승낙을 얻었다고 착각할 수 있다.

3. 거절하려는 방편으로 상대방을 비난하지 않기

　거절을 하는 합당한 이유를 들어야 하고 상대방의 약점이나 잘못을 언급하면 안 된다. 이는 논점에서 벗어난 행동이다.

4. 거절의 마무리 단계에서 절대 농담하지 않기

　부탁을 들어주지 못하는 입장에서는 더더욱 진중한 모습을 보여줘야 상대방의 감정이 상하지 않는다. 그래야 거절의 의미가 더욱 확고하게 상대방에게 전달된다.

08

모든 인간관계에
목맬 필요는 없다

"다른 사람과 관계를 맺을 때 무엇보다도 먼저 알아야 할 것은 상대가 나의 행복 추구 방식을 억지로 바꾸려고 하지만 않는다면 나도 상대의 독특한 행복 추구 방식을 그대로 인정해주어야 한다는 점이다."

데일 카네기Dale Carnegie의 《인간관계론》에 나온 말이다. 바람직한 인간관계를 맺기 위해서는 상대방의 행복 추구 방식을 존중해줘야 한다. 그래야 나와 상대가 모두 행복한 관계를 이어갈 수 있다. 결국, 관계의 목적과 의미는 결국 행복에 있음을 알 수 있다.

이 사회를 살아가는 여성이라면 수도 없이 많은 관계를 맺는다. 가족, 유치원부터 대학, 동네, 직장, 종교 단체, 봉사 단체 등에 속하면서 부모, 친구와 연인, 선생님, 이웃 어른, 직장 상사와 함께 더불어 살아간다. 여기서 더 나아가 SNS로도 관계를 이어간다. 참으로 관계가 차고 넘친다. 그 과잉 관계 속에서 모두 행복을 얻고 있을까?

심심치 않게 이런 푸념을 종종 듣는다.

"L 때문에 힘들어."

"K로 인한 스트레스가 심해서 다 버리고 떠나고 싶어."

"B의 압박 때문에 늘 긴장 상태이고 불면증에 시달리고 있어."

심리학자에 따르면 한 사람이 맺을 수 있는 인간관계 수는 대략 140여 명이라고 한다. 이 정도여야 원만하게 모든 사람과 관계를 이어갈 수 있다는 말이다. 아주 많아도, 아주 적어도 좋지 않다. 그래서 인간관계의 수가 많아야 한다는 생각에 연연할 이유도 없고, 모든 인간관계에 목매야 할 이유도 없다. 경우에 따라서는 과감하게 정리해야 할 필요가 있다.

20대 여성들은 관계를 정리하는 법에 익숙하지 못해 곤란에 처하는 일이 많다. 인간관계는 마치 중독성 강한 음식 같아서 한번 입에 대기 시작하면 도중에 끊기 쉽지 않다. 그러니 결연한 마음의 자세를 가지고 이렇게 속으로 되뇌자.

'관계의 목적은 나와 상대의 행복이야.'

행복을 추구하는 데 걸림돌이 되는 관계는 과감하게 정리해야 한다. 정리해야 할 인간관계의 8가지 유형은 이렇다.

1. 필요할 때만 연락하는 사람

2. 지갑을 안 들고 다니는 사람

3. 종교나 정치적 신념을 강요하는 사람

4. 같은 고민을 반복해서 말하는 사람

5. 만나면 우울한 이야기만 하는 사람

6. 남의 고민을 가볍게 여기는 사람

7. 자신과 한 약속을 가볍게 생각하는 사람

8. 만나면 괴롭다는 생각이 드는 사람

이러한 관계는 그때그때 정리하자. 스마트폰에 저장된 번호를 지워버리고, 또 그 번호를 스팸 처리하자. 모든 관계에 의미를 부여해야 할 이유가 없기 때문이다. 그래야 몸도 마음도 편해지고, 비로소 행복의 싹이 자라난다.

꼭 필요한 관계를 이어가면서도 몸과 마음의 건강을 지키는 방법도 빠뜨리지 말자. 박민수 가정의학과 전문의는 많은 인간관계 속에서 건강을 지키는 요령을 이렇게 말한다.

■ 과잉 관계에서 건강을 지키기 위한 솔루션 십계명

1. 나를 사랑하기

세상에서 가장 사랑해야 할 대상은 나와 내 몸이다. 나를 사랑하지 못하면 누구도 진심으로 사랑할 수 없다.

2. 자기 주장 훈련

자신이 하고 싶은 말을 속에 담아두지 않는 자기주장 훈련을 부드럽게 시도하라.

3. 자신을 믿기

타인에 대한 사랑의 전제 조건은 자신에 대한 믿음과 믿음 이상의 자기 투자다.

4. 내 능력껏 남을 사랑하기

나를 지킬 수 있는 한도에서 남을 사랑하라. 대신 결코 대가를 바라지 마라.

5. 상대에 대한 기대 접기

상대가 자기에게 배려나 양보를 해줄 거라는 기대를 버려라. 혹 상대가 온정과 희생을 베풀면 진심으로 감사하라. 대신 다음번에도 그럴 것이라고 기대하지는 마라.

6. 심리적 방어 펼치기

한편은 손해를 보고 한편은 이득을 얻는 것이 인지상정이다. 손해라는 느낌이 들 때면 최대한 심리적 방어를 펼쳐라. 내 마음까지 다치면 더 큰 손해다.

7. 최선을 다하기

게임에서는 프로와 아마추어를 막론하고 최선을 다해야 한다. 합리적인 대안을 마련했다면 최선을 다해 실행하라. 제대로 실행하지 못하면 나아지지 않는 것은 물론이고 뒤에 후회를 남긴다. 할 말은 해라.

8. 타인의 반응에 신경 쓰지 않기

진인사대천명盡人事待天命이다. 최선을 다했다면 상대나 타인의 반응에는 둔감해져라. 좋은 반응이라면 반길 일이지만 아니라도 그뿐이다.

9. 연연해 하지 않기

때로 과감히 포기해야 할 인간관계도 생기는 법이다. 대신 나를 응원하고, 나를 행복하게 만들어줄 일에 더 집중하라.

10. 좋은 미래를 믿고 기다리기

인간사 새옹지마다. 좋을 때가 있으면 나쁠 때도 있는 법이다. 단 나쁜 시간을 빨리 줄이는 것은 내 몫이다. 빨리 줄일수록 좋은 시간은 빨리 오고 또 그만큼 길어진다. 좋은 시간은 반드시 오는 법이다. 나쁠 때라도 좋은 시간을 기다려라.

09

SNS 인간관계에
속지말라

"다들 잘나가는 것 같아서 소외감이 들어요."

공무원 시험을 준비하는 대학교 졸업반 여대생이 한 말이다. 그녀는 벌써 3년째 노량진 고시원에서 살면서 9급 공무원 시험에 매달리고 있었다. 그녀는 요즘 자신감이 없고, 우울해졌다.

"공부에 전념하다 보니 실제로 친구들과 만나는 시간이 거의 없어요. 학원과 고시원을 다람쥐 쳇바퀴처럼 오가죠. 그러다 쉬는 틈을 이용해 SNS를 하고 있어요. 거기에 올라오는 친구의 사진과 일상 이야기를 보다 보면 너무 내가 한심해지는 거예요."

이 여대생처럼 SNS로 박탈감을 느끼는 사람이 많아지고 있다. 우리나라의 경우, 남성보다 여성이 스마트폰을 많이 사용하는데 그 용도의 52%가 SNS 사용이다. 실제로 여성은 페이스북, 카카오스토리, 인스타그램 등을 통해 타인의 자잘한 일상 이야기, 소위 '먹방', '여행', '개인 감정' 등을 수시로 접한다. 그런데 이 과정에서 문제가 생긴다. 다들 남에게 잘 보이기 위해 허세를 부리기 때문이다. 일부 여대생들의 SNS를 예로 들어보자.

평범한 대학생 신분인 여성들이 어쩜 그리도 일본, 대만, 프랑스 등으로 자주 여행을 다니는지 의아하다. 또한, 그녀들이 올리는 사진 속의 화려한 화장과 패션은 충격적이기까지 하다. 저들이 갑부의 딸이 아닌지 의심될 정도니 말이다. 그 나이 때에 자신을 잘 보이려고 하는 욕구는 이해하고도 남는다. 그렇지만 SNS에서 보이는 그들의 모습은 실제와 달라도 너무 다르다.

허세를 부리는 일부 여대생들은 늘 SNS에서 자신을 잘 보이기 위해 애쓴다. 그녀들은 있는 그대로의 모습이 아니라 과장된 모습으로 자신을 꾸며서 타인에게 보임으로써 만족감을 얻는다. '좋아요' 수를 최대한 많이 받음으로써 타인에게 관심과 인정을 받고 있다고 생각한다. 그러면서 점점 자극적이고 과장된 사진과 이야기에 집착하게 되고, 그러면서 결국 SNS의 모습과 실제 자신 사이에 괴리가 생긴다.

한편, 그 여대생들의 SNS를 접한 여성들은 상대적 박탈감과 소외감을 겪게 된다. 실제 그들의 모습이 아니라 허세일 뿐인 것을 인정하지 못한다. 그래서 한탄 조로 되뇐다.

'똑같은 대학생이건만 누구는 물 쓰듯 돈을 쓰면서 비싼 음식을 먹고 여행을 다니는구나…….'

'나만 늘 돈과 시간에 쪼들리며 사는구나…….'

'공무원 시험에 합격한다고 해도 크게 달라지는 건 없다고…….'

이는 일부 여대생에게만 한하는 부정적인 예이니 모든 여대생에게 해당하는 이야기라고 오해하지 말기 바란다. 하지만 실제로 여성 중에서도 특히 20대 여성이 SNS에서 허세를 부리는 사례가 많다. 그들은 SNS에서 받게 될 타인의 평가를 크게 의식한 나머지 행복한 모습만 보이고 싶어 한다. 그 결과 SNS에서 보이는 모습이 진짜 모습인 경우는 매우 일부에 불과하다.

SNS 친구 수가 아무리 많고, 또 수시로 온라인에서 친구와 접촉하더라도 그것은 진정한 관계와 거리가 멀다. 오천 명, 만 명이 되는 친구들과 맺어진 SNS의 관계는 허상일 뿐이다. SNS에서 보이는 모습은 남에게 좋게 비칠 거짓일 뿐이고, 또 그런 모습으로 타인과 관계를 이어가기 때문이다. 또한, 일일이 기억나지 않고 거의 접촉도 하지 않는 온라인 친구들은 어떤가? 이들은 그냥 친구 수만 채워줄 뿐, 그 이상도 그 이하도 아니다. 맨체스터 유나이티드 감독인 알렉스 퍼거슨Alex Ferguson은 "트위터는 인생의 낭비다"라고 말했다. 《아프니까 청춘이다》를 저술한 김난도 교수 역시 이렇게 말한다.

"현대에 들어 인터넷, 이동 통신, SNS 등 매우 다양한 의사소통 매체가 생겨났지만, 아이러니하게도 과거에 비해 소외감이 더욱 커지는 역설을 현대 소비자들은 경험하고 있다. '겉친(겉으로만 친구)'만이 가득한 넓고 얕은 인간관계의 사회에서 사람과 사람 간의 소통은 갈수록 서툴러진다."

SNS로 관계의 수는 더 많아지지만 소외감과 박탈감은 더욱 커지고 있다. 이와 함께 현실 속에서 직접 맺게 되는 인간관계는 반대로 점차 줄어들고 있다. SNS에서 진정한 인간관계를 얻기란 힘들다는 걸 잊지 말자. 고로 많은 시간을 SNS에 허비하지 말고 그것에 지나치게 정신 팔리지 않는 게 바람직하다.

10

필요한 관계는
소중히 지키자

'혼술, 혼영, 혼창, 혼공, 혼밥, 혼클, 혼놀, 혼강'

요즘 자주 접하게 되는 말이다. 이를 잘 대변하듯 〈혼술남녀〉라는 드라마도 방영되었다. 이 드라마는 노량진을 배경으로 혼술을 즐기는 강사와 공시족 이야기를 다루고 있다. 경쟁 사회 속에서 시간을 쪼개가면서 살아가다 보니 어느새 혼자가 대세가 된 세태를 잘 반영한 드라마이다.

드라마에서 새내기 강사로 연기했던 박하선은 실제로도 혼족이라고 한다. 그녀는 뉴욕, 홍콩, 마카오, 오스트리아 등으로 해외여행을 자주 가는데, 주로 혼자 다닌다. 친구들과는 시간을 맞추기도 힘들고, 무엇보다 여럿이 여행을 할 때 생기는 의견 충돌이나 스트레스가 없어서 좋다고 한다. 혼술을 즐기는 그녀는 거리낌 없이 혼곡을 즐기기도 한다.

"스트레스가 쌓이면 혼자 노래방에 가서 3시간 정도 놀고 와요. 그러면 스트레스가 풀리거든요. 예전에 실연당했을 때 처음으로 그렇게 해봤는데 정말 속이 시원하더라고요. 그 후에 버릇이 돼 힘들 때마다 혼자 자주 가요. 재밌어요. 친구랑 가면 노래를 계속 부르고 싶은데 못 그럴 때도 있잖아요."

이러한 박하선의 혼족 생활은 요즘 우리 여성의 일상과 비슷하다. 대학생도 그렇고 취업 준비생도, 사회 초년생들도 대부분 혼자 시간을 즐긴다. 대학생의 경우, 77.5%가 혼족 문화를 즐긴다고 하는데 그 첫 번째 이유가 혼자만의 시간을 가지고 싶어서다. 두 번째 이유는 지인들과 시간이 맞지 않아서, 세 번째는 바쁜 스케줄 때문이다.

이렇게 대학생들에게 혼족 문화가 대세가 된 이유는 뭘까? 통계에 따르면 이렇다.

- 1위(34.5%) : 바쁜 대학 생활
- 2위(22.9%) : 관계 유지에 대한 부담감
- 3위(21.5%) : 1인 가구의 확대
- 4위(14.8%) : 개인주의의 팽배

이런 이유로 20대 청춘들은 이렇게 말한다.

"직접 만나서 하는 대화보다 문자가 더 편해요."

"어색한 자리에서는 대화를 이어가기 힘들어요."

"3명 이하의 모임이 편해요."

이들은 공통적으로 인간관계의 염증과 회의감을 느끼는 관계 권태기, 즉 '관태기'를 겪고 있다. 인간관계에서 오는 상처와 스트레스를 원하지 않기 때문에 혼자만의 시간을 원하는 것이다.

문제는 혼족 문화가 인간관계를 대체할 수 있는지다. 관계를 포기할 정도로 '나 홀로'에 큰 가치가 있을까? 절대 그렇지 않다.《행복의 조건》을 쓴 조지 베일런트George Vaillant는 한 사람이 행복하고 건강하게 나이 들도록 결정하는 것은 지적 우월함, 경제적 지위, 명예가 아니라 인간관계라고 말했다. 1930년대 말에 미국 하버드대 입학생 268명의 72년 인생을 추적한 끝에, 행복의 제1조건에 대해 이런 결론을 내렸다.

"인생에서 가장 중요한 것은 바로 다른 사람들과 맺는 관계다."

그러니 혼족 문화에 흠뻑 빠진 청춘들은 관계의 소중함을 잊지 말아야 한다. 지금 관계에 대한 두려움이 있고 또 관계를 원만히 맺기 어려운 이유가 있더라도, 나 혼자서는 결코 인생에서 행복할 수 없다는 걸 가슴에 새기자.

고로 청춘들이여, 관태기 속에서 혼자의 시간을 갖되, 그 속에서 더욱 건강해진 나를 되찾고 다시금 관계로 돌아오도록 하자. 또한, 혼족의 시간 속에서도 필수적인 관계는 꼭 이어가자. 그러기 위해선 관태기를 지혜롭게 극복해야 한다. 전문가들은 다음 4가지를 처방으로 내놓는다.

■ 관태기 극복 요령 4가지

1. 서로의 조망권 인정하기

   상대방의 여유로운 시간을 존중하기 위해서는 일정한 거리를 유지하자.

2. 인간관계 다이어트

   3개월 단위로 관계를 평가하고 소모적인 관계를 정리하자.

3. 상대방에게 지나치게 기대하지 않기

   상대방에 대한 지나친 기대는 상대에 대한 억압이므로 자제하자.

4. 일정 기간 SNS 중단하기

   매달에 한번, 혹은 일 년에 몇 번 정해진 날에 SNS 접속을 하지 말자. 이를 통해 SNS 중독에서 벗어날 수 있다.

5. 관계 일기 쓰기

   틈틈이 현재 관계를 맺고 있는 사람들에 대해 생각하는 시간을 갖자.

2장

자존감을 높이는
실전 법칙
:
자기 성장

01

인문학을
즐겨라

애플의 스티브 잡스, 마이크로소프트의 빌 게이츠, 페이스북의 마크 저커버그, 이들의 공통점을 묻는다면 무엇이라고 대답할 수 있을까? 물론, 다들 세계 최고의 IT 기업 창시자라는 점에서 공통적이다. 이것 말고 더 없을까? 조금이라도 시사에 관심이 있다면, 그 답을 어렵지 않게 알 수 있다. 그것은 바로 인문학이다.

애플의 스티브 잡스는 말했다.

"창의적인 제품을 만든 비결은 우리가 항상 기술과 인문학의 교차점에 있었기 때문이다."

철학을 전공했던 그가 세상에 내놓은 혁신적인 IT 제품은 인문학적 성찰에서 나왔다.

마이크로소프트의 빌 게이츠는 말했다.

"오늘날 나를 만든 것은 동네 도서관이다."

그는 지금도 매일 독서를 하고 있는데, 블로그에 추천 도서로 인문학 책을 올리고 있다. 페이스북의 마크 저커버그는 어떨까? 그의 사무실에는 이런 문구가 붙어 있다.

'우리는 기술 회사인가?'

이 말은 혁신적인 IT 기업이 되기 위해선 단순히 기술에만 몰두해서는 안 된다는 의미다. 그는 인간에게 관심을 기울이기 위해 인문학을 중시하고 있으며, 어릴 때부터 그리스 신화를 탐독하는 등 깊이 있는 인문학 독서를 해왔다.

이처럼 세계적인 기업 CEO는 모두 인문학을 중시하고 있다. 혁신적인 제품을 만들기 위해서는 기술만으로 부족하기 때문에 인문학적인 사고를 갖추어야 한다.

이러한 시대적 흐름에 따라 최근 '인문학'이라는 말을 자주 듣는다. 서점에서도, 방송에서도, 강연장에서도, 인터넷에서도 심심치 않게 접하게 되는 단어가 '인문학'이다. 그런데 인문학은 비단 기업에서만 중시되는 게 아니다. 인문학은 기본적으로 인간에 대한 학문이기 때문이다.

철학, 심리학, 문학, 법학, 미학, 역사학 등을 대표하는 인문학의 존재 이유는 인간과 인간의 삶에 대한 앎을 추구하는 데 있다.

'나는 누구인가?'

'나와 저 사람은 왜 의견이 다른가?'

'진정한 행복은 무엇인가?'

'공동체의 정의는 무엇인가?

이런 근원적인 질문을 던지는 것이 인문학이다. 이 과정에서 나 자신에 대한 관심과 성찰에 집중하게 된다. 동양 고전학자 신정근 교수는 "인문학을 공부하는 이유는 노를 빨리 젓기 위함이 아니다. 노를 잠시 내려놓고 밤하늘의 별을 보며 지금의 위치를 가늠하고 어디로 나아가야 할지를 생각할 수 있기 위함이다"라고 말했다.

자신에 대한 깊이 있는 사고를 통해 얻을 수 있는 소득은 바로 자존감이다. 인문학과 자존감이 연결되는 데에 의아해할 이들이 적지 않을 듯하다. 하지만 이는 막연한 가설이나 주장이 아니다. 실제로 인문학이 자존감을 높이는 데 큰 도움이 된다는 연구 결과가 있다. 〈인문학교육이 중학생의 자아존중감에 미치는 영향〉이라는 한 석사 논문은 인문학 교육이 청소년의 자아존중감 향상에 유의미한 변화를 준다고 밝히고 있다.

"인문학 교육 프로그램에 참여한 구성원(중학생)들은 자아존중감의 영역별 변화에서 사회적 자아존중감을 제외한 나머지 영역에서 각각 일정하게 증가했다. 특히, 자아존중감 영역 중 가정, 학교 내 자아존중감의 변화가 의미있는 변화를 보였다."

그러니 문과 출신 여대생은 "문송합니다"('문과 대학생이라 죄송합니다'

라는 뜻)라며 주눅이 들 필요가 없다. 문과 학생이기에 더욱 튼튼한 자존 감을 배양할 기회를 얻을 수 있기 때문이다. 설령 문과 여대생이 아니 라도 틈틈이 인문학책을 접해서 앙상하게 말라비틀어져 가는 자존감에 아낌없이 영양분을 주자. 이를 통해 어떤 난관에서도 절대 지지 않는 튼 튼한 자존감을 세울 수 있다.

02

심리학에서
조언을 받아라

"열등감 때문에 힘들어요."

모 대학교에서 리더십 강의를 할 때였다. 사범대 4학년에 재학 중인 한 여대생이 고민 상담을 요청해왔다. 그녀는 한눈에 보기에도 내성적이었으며, 눈을 잘 마주치지 못했다. 수많은 사람을 접해온 내가 볼 때 제대로 인간관계를 하기가 힘들어 보였다. 그 원인은 그녀의 말대로 열등감으로 파악되었다.

그녀와 차를 마시며 대화의 시간을 가졌다. 그녀가 열등감의 뿌리에 대해 말했다.

"부모님이 너무 엄격하세요. 어릴 때부터 부모님에게 칭찬을 들어본 일이 없어요. 가부장적인 부모님은 제게 항상 여자는 행동거지가 단정해야 한다면서 저를 단속했어요. 저는 또래 아이들처럼 자유롭게 말하고 행동하려 했지요. 그러다 보니 부모님에게 핀잔을 듣기 일쑤였어요."

무슨 말인지 대충 감이 왔다.

"그래서 자신에 대한 존중감이 없어졌고 열등감이 싹튼 거로군요. 학생은 평범하기 그지없는데 집안에서 별종으로 취급하다 보니 열등감이 생긴 거예요."

그녀가 고개를 끄덕였다. 그러면서 그녀는 앞으로 교생 실습을 나가야 하는데 학생들 앞에 서는 게 아주 무섭다고 말했다. 그녀는 열등감을 잘 치유할 필요가 있어 보였다.

그녀에게 담담히 말해주었다.

"저는 심리 전문가가 아니에요. 다만《심리학, 자존감을 부탁해》라는 책에서 본 글로 도움을 드릴 수 있을 것 같군요. 그 책에 따르면 자존감이 높은 사람과 낮은 사람의 차이는 아주 단순하다고 해요. 자존감이 높은 사람은 자신의 약점과 실패를 그냥 그대로 인정한다고 해요. 이와 달리 자존감이 낮은 사람은 '자기 불안'을 지니고 있다고 해요. 이를 구체적으로 3가지로 볼 수 있죠. 첫째, 자신의 약점과 실패를 인정하지 못하고 둘째, 약점과 실패를 지나치게 중대시하고 셋째, 타인이 잘 알지 못하는 약점과 실패에만 집착하죠."

그 여대생은 이런 '자기 불안'에 빠진 상태였다. 어릴 때 가부장적인 집안 환경에서 자라며 생긴 자신의 수치심을 솔직히 인정하지 못했고, 그것에 지나치게 집중했다. 또한, 아무도 그 점을 대수롭지 않게 여겼지만 여전히 그 수치감에 매몰되어 있었다. 이로 인해 그녀는 열등감이란 수렁에 빠지고 말았다. 그녀는 자신 속의 아이에게 화해의 손길을 내미는 과정이 필요했다.

"수치심으로 얼룩진 내면의 아이를 솔직히 인정하세요. 그 아이의 주인이 바로 당신임을 잊지 마세요. 아픔과 고통을 껴안고 있는 아이에게 이제 그만 모든 걸 내려놓으라고 속삭이세요. 그래야 열등감에서 벗어날 수 있습니다."

"내면의 아이라면 내가 집착하는 과거 말이죠? 어릴 때 상처받은 나를 인정하는 게 상처에서 자유로워지는 길이라는 말이죠?"

거듭 말하지만 나는 심리 전문가가 아니다. 하지만 내가 진행하는 수많은 강의를 관통하는 건 자존감이다. 그래서 자존감에 대한 심리학책을 틈틈이 섭렵하고 그와 관련된 강의를 수강하고 있다. 이 과정에서 자연스레 열등감 해법에 대한 심리학을 조금이나마 알고 있다.

주위에 의외로 열등감으로 괴로워하는 사람이 많다. 그런 사람을 위한 유익한 심리학책들이 많이 있으니 그 책을 읽고 자존감을 회복하는 데 도움을 받아보자. 다음 네 권을 추천한다.

· 《자존감 수업》(윤홍균 지음, 심플라이프)
· 《자존감의 여섯 기둥》(나다니엘 브랜든 지음, 김세진 옮김, 교양인)

·《심리학, 자존감을 부탁해》(슈테파니 슈탈 지음, 김시형 옮김, 갈매나무)
·《자존감》(이무석 지음, 비전과 리더십)

특히, 《자존감》은 십여 년 전에 읽었던 책으로 열등감 극복에 대해 일화 위주로 쉽게 서술해놓았다. 이 책에 따르면, 열등감에는 종류가 많은데 외모 열등감, 집안 열등감, 키와 성기 열등감, 능력 열등감, 가난 열등감, 학벌 열등감, 실직 열등감, 성폭행과 따돌림으로 인한 열등감, 자위행위로 인한 열등감 등이다. 그런데 그 갖가지 열등감을 극복하는 요령의 핵심은 간단하다. 있는 사실을 그대로 인정하고 수용하라는 거다. 이로 인해 모든 열등감에서 자유로워질 수 있다고 한다.

그러니 열등감에 괴로워하는 여성들은 우선 심리학을 공부하자. 그래야 열등감을 극복할 수 있는 지혜를 얻을 수 있다.

03

멘토들의
강연에 참석하라

"앞으로 이렇게 살아야겠다고 결심하게 되었어요."

"내 속에 감추어져 있는 열정이 불끈불끈 솟는 걸 느낄 수 있는 시간
이었어요."

모 대학교 특강이 끝나자 대학생들에게서 나온 반응이다. 그날 강연
의 제목은 '내 꿈에 불을 지펴라'였다. 주로 중고생, 대학생을 대상으로
많이 하는 강연이었다. 강당에 모인 대학생 백여 명은 취업에 대한 희망
이 없는 탓인지 전체적으로 의기소침해 있었다.

이런 대학생들 앞에서 꿈이며 비전을 이야기하기란 쉽지 않은 일이다. 현실은 아무리 노력해도 나아지지 않고 있기 때문이다. 그런 그들에게 '꿈을 가져라', '열정을 가져라'라고 외친다면 냉소만 돌아올 뿐이다. 이런 점을 아는 나는 다른 때와 달리 마음을 단단히 먹고 강연 준비를 한다. 지시와 훈시 대신에 공감과 위로를 주는 강연을 한다.

내가 강연할 때 가장 중요시하는 건 진정성 있는 스토리텔링이다. 내가 배출한 강사 수만 해도 500명에 달한다. 전국 각지에서 다양한 직업을 가진 이들이 내게 찾아오는 특별한 이유가 뭘까? 그건 바로 청중을 웃기고 울리면서 휘어잡는 강의 기법 때문이다. 아무리 좋은 콘텐츠를 갖고 있어도 청중에게 맛깔나게 전달하지 못하면 말짱 도루묵이다. 나에게는 탁월한 강의 기술이 있었다.

그런데 처음부터 내가 1등 강사였다고 생각하면 오산이다. 나에게도 햇병아리 시절이 있었다. 고객 만족 강의 비결을 배우러 매주 어린아이들을 남편에게 맡기고 용인에서 서울 강남으로 자격증 공부를 하러 다니던 시절이 있었다. 그렇게 해서 CS 강사 수료증을 땄지만 내 앞날은 녹록지 않았다.

CS 학원 원장이 거리낌 없이 말했다.

"선생님은 키도 작고 외모도 평범하니 강의가 많이 없을 거예요. 우리 학원에서는 별 기대를 안 합니다."

함께 강의를 듣는 수강생 대부분은 늘씬하고 외모도 출중했다. 그들은 원장의 주목을 받고 있었기에 당장이라도 스타 강사가 될 줄 알고 우쭐거렸다. 그런데 십여 년 세월이 지난 지금을 보라. 학원 원장의 말은

터무니없는 것이었다.

나는 한 곳에만 머물지 않고 전국을 누비며 강의를 하고 있다. 일요일에만 겨우 쉴 수 있을 정도로 수많은 강의와 강연이 쇄도하고 있지 않은가?

물론, 처음 강의를 할 때부터 탄탄대로를 걸어온 것은 아니다. 수많은 좌충우돌과 시행착오를 겪으면서 탄탄히 내공을 다져나갔다. 내게는 꿈이 있었기 때문이다.

'기필코 스타 강사가 되어 아침 방송에 나올 것이다.'

뜨거운 꿈이 있었기에 모든 난관을 극복할 수 있었다. 이런 진정성 있는 내 이야기는 늘 대학생들에게서 높은 호응과 공감을 이끌어냈다. 나는 조금도 과장하지 않은 내 모습을 솔직히 들려준다. 그러면 처음엔 별 반응이 없던 대학생들이 눈빛을 반짝거린다. 잘나가는 강사인 나도 예전엔 어려운 환경에 있었다는 걸 알게 된다. 그러면서 그들은 자신보다 더 어려운 환경에서도 도전을 멈추지 않은 나를 보고 자신을 돌아보게 된다.

나는 내 강연이 늘 이렇게 되길 바라고 있다. 또한, 청춘들에게 내 강연뿐만 아니라 다양한 콘텐츠와 연사의 강연을 자주 들으라고 조언을 아끼지 않는다. 강연을 통해 펄떡이는 열정을 체험할 수 있고, 이를 계기로 다시금 자기 꿈에 불을 지필 수 있기 때문이다.

책이나 TV, 인터넷을 통해 접했던 멘토가 누구에게나 있다. 혜민 스님, 장하준 교수, 김미경 강사, 김제동 개그맨, 강수진 발레리나, 김수영 강사, 박찬욱 영화감독 등 수없이 많다. 이 멘토를 간접적으로 접하는

데 그치지 말고 그들이 열정적으로 자신의 이야기를 펼치는 강연에 참석하자. 그 강연을 통해 멘토를 직접 대면하면서 그에게 평소 궁금했던 질문을 던질 수 있다. 그리고 뜻밖의 해답을 얻게 된다면 어둡기만 하던 미래에 한 줄기 서광이 비치는 것을 경험할 수 있다.

04

혼자
여행을 떠나라

"어리석은 사람은 방황하고 현명한 사람은 여행을 한다."

카트린 지타Katrin zita가 쓴 《내가 혼자 여행하는 이유》에 나온 말이다. 서른일곱 살인 이 여기자는 6개월 동안 한 번도 시원하게 웃지 못한 자신을 발견한다. 완벽주의, 소통이 단절된 관계, 이혼으로 인해 삶이 엉망진창이 되어버린 것이다. 인생이 잘못 돌아가고 있음을 절감한 그녀가 선택한 해법은 여행이다. 이로부터 그녀는 7년간 250회 이상 50개국을 여행하면서 천 번도 넘게 낯선 도시를 찾는다.

그녀는 7년간 혼자 여행을 하면서 자기 자신에 대해 더 진실해지는 경험을 한다. 그러면서 그간 일 중독으로 살아온 자신이 행복하지 않은 이유는 능력이 부족해서가 아니라, 타인의 기대와 요구에 끊임없이 맞추려고 했기 때문이었음을 알아차린다. 그녀는 혼자 여행을 하면서 모든 일정의 중심을 자기 자신에게 맞추었고, 그러면서 진실한 자신에 더 다가갔다.

이렇게 해서 그녀는 깨달음을 얻는다.

"혼자 여행을 계속하는 이유는 다른 많은 단독 여행자와 마찬가지로, 홀로 여행을 할 때마다 자신에 대해 조금 더 많은 것을 알아갔기 때문이다. 물론 그 과정이 항상 유쾌하지는 않다. 때로는 오랫동안 회피해왔던 문제와 직면하고 해결책을 찾느라 힘겨운 시간을 보내기도 한다. 그러나 혼자 여행하는 시간이 쌓여갈수록 앞으로 내가 무엇을 해야 하는지, 내 삶에 두려움 대신 무엇을 채워 넣어야 하는지를 조금씩 알게 되었다."

영화 〈먹고 기도하고 사랑하라〉도 마찬가지다. 번듯한 남편, 안정적인 직장, 맨해튼의 아파트 등 모든 것을 완벽하게 갖춘 서른한 살의 여기자 앨리자베스 길버트. 그녀는 보통 여성이 꿈꾸는 이상적인 삶을 살고 있다. 그런데 그녀는 정작 행복을 얻지 못한다. 그녀는 진정한 행복을 찾고자 모든 것을 뒤로한 채 무작정 여행을 떠난다.

이로부터 일 년 동안 이탈리아, 인도, 발리에서 낯선 시간을 체험한다. 첫 번째 여행지인 이탈리아에서는 마음껏 욕망에 충실하면서 맛있는 음식을 먹어치운다. 두 번째 여행지 인도에서는 영적 스승을 만나 수행을 통해 자신 속의 신을 만난다. 세 번째 여행지 발리에서는 한 주술사에게서 마음으로 웃는 법을 익히게 되고, 진정한 사랑을 만나서 행복을 찾는다. 그녀는 영화 속에서 이렇게 말한다.

"최근에 내 모습과 지금 내가 사는 삶을 뒤돌아봤다. 그건 나 아닌 다른 누군가가 되려는 촌극에서 벗어난, 내가 늘 꿈꿔오던 내 모습이요, 내 삶이다. 지금 이렇게 되기까지 내가 참아왔던 모든 것을 생각하니 이런 의문이 들었다. 그러니까 더 젊고, 더 혼란스럽고, 더 힘들었던 그 기간 동안 앞으로 나가려고 안간힘을 쓰던 나를 끌어당겨 주었던 건 이 행복하고 균형 잡힌 나, 조그만 인도네시아인의 낚싯배의 갑판에서 졸고 있는 내가 아니었을까?"

이렇듯 여성에게 여행은 없어서는 안 될 산소호흡기와 같다. 그 산소호흡기가 없다면 현실에서 질식하고 말 것이다. 나 역시 예외일 수 없다. 전국구 강사인 나는 서울, 대전, 대구, 부산, 강릉, 지리산 어디든 안 가는 곳이 없다. 그래서 늘 차를 몰고 혼자 전국을 여행하고 있다. 특히, 강의가 끝난 후에는 별도의 여행을 만끽한다.

동대문에서는 카페에 앉아 행인을 바라보고, 진주에서는 논개 전설이 얽힌 담양을 거닐고, 속리산에서는 등산복으로 갈아입고 국립공원에 오른다. 이 과정에서 강사로서 살아온 나를 되돌아보고, 내 꿈을 다시금 되새긴다. 그러면서 현재 내게 주어진 것에 감사하며 오붓한 행복감에 젖는다.

2016년 한국관광공사에 따르면 단독 여행자 중에 여성이 52.3%로, 남성보다 높게 나타났다. 여성 중에서도 20대 여성이 혼자 여행을 하는 경우가 압도적으로 많다. 항공 여행의 경우 20대 여성이 40%나 차지했다. 이제 20대 여성이 눈치 보지 않고, 거리낌 없이 여행을 떠나는 건 일상이 되었다. 이처럼 수많은 여성이 홀로 여행을 떠나는 이유는 뭘까? 그건 바로 현실의 각박한 인간관계와 앞이 보이지 않는 미래 속에서 잃어버린 진정한 자아와 행복을 되찾기 위해서다.

이제 당신 차례다. 머뭇거리지 말고 재충전을 위해 여행을 떠나라.

05

때로는
일탈을 즐겨라

"항상, 의욕이 없고 무기력해요."

20대 중반의 여성이었다. 그녀는 작년에 취업문을 통과해 공기업 사무직에 근무하고 있었다. 그녀는 친구들의 부러움을 한 몸에 받고 있었다. 그런 그녀에게서 의외의 말이 나오자 그 이유가 궁금해졌다.

"최고로 안정적인 직장에 다니게 되었으니 매일 기분이 날아갈 것 같은데요. 어째서 그렇습니까?"

그러자 여성이 대답했다.

"최고 직장에 다니고 있는 건 맞아요. 그런데 솔직히 내 상태는 만사가 귀찮고 어떤 일에도 흥미가 없고 점점 게을러져요."

그녀와 몇 시간 이야기를 나누어보았다. 그녀가 말하길 자신은 학창 시절을 모범생으로 보냈다고 한다. 부모님과 선생님이 하지 말라는 건 절대 하지 않았으며 늘 다람쥐 쳇바퀴 돌듯이 학교, 학원과 집을 오갔다. 대학생 때도 스펙을 쌓으려고 어학원, 컴퓨터 학원, 각종 자격증 학원을 빼먹지 않았다. 그런 끝에 그 어렵다는 공기업에 보란 듯이 합격해 일 년째 일하고 있었다.

그런데 회사에 다니는 지금도 회사와 학원, 집을 오가는 일상을 반복하고 있으며, 미래를 위해 또다시 자격증 학원에 등록해 다니고 있었다. 사정이 이렇다 보니 그녀에게는 여유 시간이 없었다. 초, 중, 고, 대학 때처럼 늘 시간에 쫓기며 살고 있었다.

한데, 어느 날부터인가 그녀에게 무기력증이 생기기 시작했다. 삶이 무미건조하게 느껴졌고 인간관계도 시들시들해졌으며 미래에 대한 열정도 식어갔다.

그녀에 대해 자세히 알게 되자 무기력증이 생긴 이유가 짐작되었다. 틀에 박힌 생활을 다년간 반복해오다 보니 피로감에 빠진 것이었다. 쉽게 비유하자면, 맛있는 스파게티를 매일같이 먹다 보니 질려버리고 입맛을 잃어버린 것과 같다. 더욱이 공기업에서는 더더욱 그녀에게 정형화된 회사 생활을 요구했을 것이다. 이로 인해 그녀는 달콤한 삶에 대한 입맛을 잃어버렸다.

벌을 병 속에 넣은 후, 병 밑바닥에 햇빛을 비추면 벌은 출구를 찾아

밖으로 나오지 못한다. 벌은 본능적으로 빛이 있는 쪽으로만 향하기 때문이다. 이로 인해 벌은 출구가 있는 곳을 전혀 살펴보지도 못한 채 병 속에 갇히고 만다.

이에 반해 파리는 병 속에 가둔 후 병 밑바닥에 햇빛을 비추어도 1~2분만에 출구로 빠져나온다. 파리에게는 어느 한쪽에 집착하는 본능이 전혀 없는 대신에 이곳저곳으로 마구 날아다니는 습성이 있다. 그래서 병 속에서 여러 곳을 날아다닌 끝에 출구를 찾아내어 밖으로 날아오른다.

그 여성은 아마도 벌과 같지 않을까? 틀에 박히고 정형화된 일상에 길든 것이다. 그래서 그녀는 결국 삶의 의욕을 잃는 비극을 맞이했다. 그녀에게 필요한 것은 파리의 습성이다. 매일 정해진 틀과 관성에 따라 생활하는 게 아니라 새로운 시도를 하는 생활 말이다.

그녀에게 이렇게 조언을 해주었다.

"아무리 좋은 환경이라도 매일같이 반복되면 식상할 수 있어요. 지금 그런 상황에 부닥친 것 같군요. 지금이라도 오랫동안 반복해왔던 틀에 박힌 생활에서 조금이라도 벗어나는 시도를 해보세요. 그것을 통해 삶의 색다른 의미를 느낄 수 있을 겁니다. 그러면 잃어버린 열정을 점차 되찾을 수 있을 거예요."

무한 반복되는 정형화된 삶은 정말 누구나 숨 막히게 한다. 이를 피하기 위해서는 일상 속에서 새로운 시도를 해보자. 같은 출근길, 등굣길에서 벗어나 새로운 길을 선택해보자. 누군가와 약속을 한다면 시간에 딱 맞추기보다는 미리 30분 정도 일찍 도착해 여유를 즐겨보자. 집으로 오는 길에는 한두 정거장 앞에서 내려서 걸어오자. 회사, 학교에서는 조퇴를 해서 나만의 시간을 가져보자. 늘 입는 옷과 전혀 다른 패션으로 기분을 달리해보자. 휴일에는 한 번도 가지 않았던 곳을 찾아가 보자. 늘 만나는 사람 말고 낯선 분야에 있는 사람과 교류해보자. 한 번도 접하지 않았던 음식을 찾아서 음미하자.

이런 건전한 일탈을 통해 일상에 변화를 불어넣으면 생기가 다시 돌아올 것이다.

06

시끌벅적한
시장에 가라

각양각색의 인간 군상을 한곳에 모아놓은 곳은 어디일까? 바로 재래 시장이다. 이곳은 언제나 사람 냄새 가득하고 활력과 기운이 넘쳐난다.

시장은 손님을 맞이하기 위해 이른 아침부터 불을 밝힌다. 늦은 시간 까지 시장 사람들은 손님과 흥정하면서 싱싱한 먹을거리를 판다. 이렇 게 시끌벅적하고 활력이 넘치는 시장이 좋다.

여군에 있을 때였다. 언니 집을 방문하느라 밤 기차를 타고 서울에 도 착했다. 이른 새벽 나를 맞이한 건 단풍으로 물든 가로수들이었다. 그

가로수들을 보노라니 앞으로 내 미래에 대한 불안감이 엄습했다.

'생계 수단으로 군에 자원입대했지만 언제까지 여군을 하게 될지 모르겠어. 몇 년 후, 군에서 나오게 되면 내 앞날은 어떻게 될까? 이 사회는 시골뜨기 여군 출신을 어떻게 받아들일까?'

복잡한 생각에 잠긴 채 잠깐 버스를 타고 서울 시내를 돌아보았다. 그러다 내 눈을 사로잡은 것이 있었다. 환하게 불을 밝힌 가락시장이었다.

이른 새벽에 시장 사람들은 누구보다 일찍 일어나 하루를 힘차게 열어가고 있었다. 농수산물을 다루는 시장 사람들은 부지런히 오늘 손님에게 팔 물건을 나르고 있었다. 구슬땀을 흘리며 수도 없이 무거운 물건을 날랐다. 그 상인들의 얼굴에는 건강한 미소가 가득했다. 그 모습을 보고 있자니 복잡한 생각이 정리되는 듯했다.

'몸은 고돼 보이지만 얼굴에는 전혀 고단함이 보이지 않네. 건강하게 흘린 땀의 힘을 믿고 살아가는 분들이야. 땀을 흘린 만큼 보상을 얻는다는 진실에 충실한 사람들이지. 나도 복잡하게 걱정만 하지 말고 그날그날 후회 없는 하루가 되도록 최선을 다하자.'

지금도 생각이 복잡할 때면 동네 시장에 종종 들른다. 물건을 사기 위해서라기보다 시장통에 가득한 기운을 받기 위해서다. 먹을거리, 볼거리로 가득한 시장은 언제나 기분을 전환해준다. 노상에 앉아 집에서 기른 채소를 파는 노파들을 보면, 내 어머니를 보는 듯해 가슴이 저리고, 몇백 원 물건 값을 깎으려고 흥정하는 주부를 보면 나를 보는 듯해 미소가 절로 나온다.

시장은 언제나 똑같지만 지루하거나 식상하지 않다. 항상 새로운 손님들로 북적거리고, 활기가 끊임없이 솟구치기 때문이다. 그래서인지 나는 시장에만 가면 활기를 되찾고 에너지를 충전한다.

상추로 매출 100억을 일군 유기농 업계의 CEO 류근모도 그렇다. 그는 사업에 실패한 뒤 귀농했다. 그런 그는 새로운 사업을 모색하던 중에 가락시장을 자주 찾았다. 이때 그는 시장의 활기와 에너지를 받고 미래에 대한 확신을 품을 수 있었다.

"가락시장에는 대낮 같은 활기로 불을 밝히고 분주히 땀방울을 흘리는 사람들이 있었다. 그곳에서 일하는 사람들의 얼굴에는 생동감이 가득했다. 마치 펄떡이는 물고기 같다는 생각이 들었다. 그곳은 에너지로 충만한 물고기들이 수면을 뚫고 뛰어오르는 거대한 어장이었다. 그 자리에 함께 있는 것만으로도 살아 있다는 기분에 충만할 수 있었다. 가락동 농수산물 시장을 다니는 동안 '할 수 있다'는 자신감이 생겼다."

이런 계기로 시작한 국내 최초의 유기농 쌈 채소 기업은 대박을 냈다. 이처럼 나는 주변에 고민이 있거나 우울한 분들에게 시장에 가 보라고 권유한다. 고민에만 매달린다고 달라지는 건 없으며, 우울한 채로 허튼 나날을 보내기에는 시간이 아깝다.

간편하게 옷을 입고 운동화를 신은 채 시장으로 가라. 느긋하게 걸으면서 시장 상인들이 사는 풍경을 보다 보면 잃어버렸던 에너지를 되찾을 수 있다. 힘들게 일을 하지만 웃음을 잃지 않는 그들의 모습을 보면 다시금 운동화 끈을 동여맬 수 있다.

07

한적한
미술관에 가라

    오랫동안 우울증을 앓던 안나는 심리 치료사를 찾는다. 그의 상태를 진단한 심리 치료사는 뜻밖의 처방을 내놓는다.

    "메트로폴리탄 미술관에 가서 동행이 있는 사람과 혼자인 사람의 숫자를 세어보세요."

    안나는 미술관을 찾아간 후 새로운 사실을 발견한다. 많은 사람이 혼자였으며 그 가운데에서도 유독 자신 같은 여성이 많았다. 안나는 자신이 혼자라는 사실만으로 우울한 나날을 보내왔다. 그러면서 주변 사람의 눈치를 보기 싫어 밖으로 잘 나가지 않았다. 그녀는 주변의 따가운 시선에 시달려왔다.

"아무리 여자가 성공했다고 해도 혼자인 건 뭔가 잘못된 게 틀림없어요. 정신적으로나 육체적으로 문제가 있겠죠."

"결혼 적령기에 접어든 여자가 남자 친구도 없이 오랜 시간 지낸다는 게 말이나 돼요? 모름지기 20대 여성에게는 든든한 남성이 곁에 있어 줘야 해요."

"여자는 결코 혼자서 지낼 수 없어요. 남자도 고독을 이겨내기 힘든데 어떻게 연약한 여자가 혼자의 시간을 즐길 수 있나요?"

이런 생각 속에서 안나는 자신이 비정상으로 여겨졌고, 마침내 그녀에게 심한 우울증이 쓰나미처럼 몰려왔다. 그런데 미술관을 찾은 안나는 자신처럼 혼자인 여성이 많다는 걸 알고 위안을 얻었다. 여자가 혼자라고 해서 결코 문제가 되지 않음을 알게 되었다.

앞서 말한 것처럼 혼족 시대가 되면서 혼자 시간을 보내는 여성이 많아졌다. 여성이 혼자 식사를 하고, 카페에 가고, 영화를 보는 게 일상이 되었다. 사실 여성이 오래전부터 혼자 시간을 만끽하던 장소가 있었는데, 그곳은 바로 미술관이다. 미술관은 영화관, 콘서트장, 공연장과 다른 분위기로 혼자인 여성을 따스하게 반긴다. 주변 사람들의 시선에 신경 쓸 필요가 없이 오로지 침묵 속에서 느긋느긋 걸으면서 그림에만 시선을 집중하면 된다. 시각적 예술 작품인 그림은 남성보다 여성에게 더 호감을 불러일으킨다. 여성은 본래 시각적이고 감성적이기 때문이다.

여성은 미술 작품 하나하나를 보면서 복잡한 생각을 정리하고, 위안과 치유의 경험을 얻는다.《그림의 힘》을 저술한 김선현 교수는 그림이 소통과 치유의 힘을 가지고 있음을 실제로 경험했다.

그녀는 병실에 누워 있는 암 환자에게 그림을 보여주는 것만으로 치유 효과를 거두었다. 환자는 자연 풍경의 다양한 그림들을 찬찬히 바라보며 속에 꼭꼭 감추었던 감정을 폭발시켰다. 그 환자는 자신의 어린 시절이 떠오른다면서 눈물을 흘렸다. 이후 활기를 되찾은 환자는 치료에 적극적으로 임했다.

20년 넘게 그림 치료 활동을 해온 김선현 교수는 말한다.

"그림은 나를 바꿉니다. 미술치료를 해오면서 직장인, CEO, 임산부, 가정주부, 치매·우울증·암 환자, 청소년, 아동 등 다양한 사람과 함께 그들만의 스트레스를 고민했습니다. 수많은 이들이 좋은 그림을 통해 내면의 새로운 변화를 일궈나갔습니다. 흔히 가볍게만 치부되어 돌보지 못한 육아 우울증이나 직장 내에서 받는 갖가지 스트레스들이 어느 순간 가벼워집니다."

혼자 보내는 시간에 서툰 여성, 우울증과 스트레스로 괴로운 여성, 암담한 미래로 눈앞이 캄캄한 여성은 홀로 미술관에 가자. 자기와 만나고 자기 내면을 바라보기 위해 '성소'를 방문하듯이 숨죽이며 미술관에 가자. 그곳에서 온갖 그림에 시선을 얹는 동안 마음도 몸도 편안해지는 것을 경험할 수 있다. 가능하면 북적이는 곳보다는 한적한 미술관에 가서 자신과 나누는 속삭임에 집중하자.

처음부터 미술관이 편할 수는 없다. 그러니 미술관에 익숙하지 않다면 다음 팁을 주목하자.

■ 미술관을 편안하게 즐기는 10가지 팁

1. 당신의 반응에 주목하기

명작이든 아니든, 궁극적으로 중요한 것은 작품이 당신의 시선을 끌 수 있느냐에 있다.

2. 불편한 감정 받아들이기

미술관에서 불편한 감정을 느끼는 것은 때때로 좋은 신호다.

3. 작품을 신중히 관찰하기

미술 작품 앞에 서 있는 것과 그것을 바라보는 것이 늘 같은 의미가 있는 것은 아니다.

4. 휴식과 여유를 즐기기

'미술관 다리 증상(어슬렁어슬렁 걸은 후 생기는 다리 통증)'을 피하고 싶다면 휴식을 취하고 틈틈이 수분을 섭취하라.

5. 작품의 배경을 알아보기

캔버스에 포착된 풍경은 예술가가 생존하던 시대의 보편적인 관점과 연결되어 있다.

6. 작품에 대한 부정적 감정 받아들이기

어떤 그림을 보고 첫눈에 혐오하게 되었다 해도 괜찮다. 하지만 계속 바라보라.

7. 작품의 제목에 연연하지 않기
   예술가가 작품의 제목을 정하지 않았다면 그것은 관객이 작품을 경험하는 데 영향을 끼치기를 바라지 않기 때문이다.

8. 작품을 관찰하는 데 시간을 투자하기
   미술은 당신이 시간을 들이는 만큼 점차 그 진정한 모습을 드러내기 마련이다.

9. 음악을 미술과 짝지어보기
   음악과 미술의 관계를 발견한다면 새로운 세상이 당신을 기다리고 있을 것이다.

10. 작품을 애써 이해하려고 하지 않기
    미술 작품 앞에 서서 그것을 관찰한다고 해서 모두가 반드시 이해해야 하는 것은 아니다.

08

낡은 사고의
틀을 깨라

'여자 셋이 모이면 그릇이 깨진다'
'암탉이 울면 집안이 망한다'
'여자가 한을 품으면 오뉴월에 서리가 내린다'
'여자는 제 고을 장날을 몰라야 팔자가 좋다'
'계집이 늙으면 여우가 된다'

여성에 대한 잘못된 고정관념을 나타내는 속담들이다. 읽으면 읽을 때마다 울화통이 터진다. 어떻게 여성을 이렇게 모독하고 여성의 가치를 깎아내릴 수 있는지 참으로 이해하기 힘들다. 과거 우리의 전통 사회에는 여성을 비하하는 관념이 팽배했다.

안타깝게도 전통 사회를 살아온 여성은 이런 관념에 얽매이고 말았다. 그래서 그들은 남성과 대등한 자신의 가치를 알아보지 못한 채 홀대받는 삶을 살았다.

이렇듯 틀에 박힌 고정관념은 한 사람의 삶을 잘못된 길로 이끈다. 자신의 진정한 가치를 몰각하게 되고 자신의 가능성을 박탈당하기 때문에 삶의 행복을 맛볼 수 없다. 그래서 이러한 고정관념에 얽매이지 않고 자유롭게 생각을 펼치는 게 중요하다.

앞서 말한 가부장적인 속담이 아무렇지도 않게 강요될 때, 여성은 과감히 '왜 여성이 차별받아야 하는가?' 하고 의문을 제기해야 한다. 그러기 위해 필요한 것은 잘 차려준 밥상 같은 고정관념, 경직된 사고에 안주하지 않는 자세다.

강사 교육을 받던 한 20대 중반 여성이 우울증을 호소해왔다. 그녀의 아버지는 장교였는데, 어릴 때부터 '규율'에 대한 의식이 남달리 강했다. 여느 가정의 여학생들은 마음껏 생각을 표현하고 그것을 행동에 옮기는 데 주저하지 않았지만, 그녀는 그런 데 익숙지 않았다. 말과 행동을 엄격하게 하는 아버지의 영향을 받았다.

그녀는 생각하는 것조차 정해진 틀에서 벗어나지 않았다. 옳은 것과 그른 것을 딱 나눈 후 오로지 옳은 것에 대한 생각만 했다. 절대 그른 것을 생각하면 안 된다는 강박관념을 지니고 있었다.

'여자는 늘 바른 마음가짐을 지니고 조신하게 처신해야 해.'

이런 생각이 지나친 나머지 융통성 있는 사고와 생활을 꿈꿀 수 없었다. 살아가면서 크고 작은 실수를 할 수도 있고, 또 일탈을 할 수도 있지만 그녀는 그것을 용납하기 힘들었다. 돌이킬 수 없는 죄를 지은 듯한 죄책감에 시달려야 했다. 점차 나이가 들어가면서 자신은 반듯하고 정직하게 살 수 없다는 현실에 마주치자 벼랑에 선 듯한 절망감이 그녀를 엄습해왔다. 이로 인해 그녀는 심한 우울증을 앓게 되었다.

그녀는 내가 여군 출신이라는 걸 잘 알고 있었다. 나는 자신 있게 내 경험을 살려 조언을 해주었다.

"강의를 하려면 자신감이 있어야 하는데 우울증이라니요? 제가 여군 출신이기 때문에 강사님의 처지가 잘 이해됩니다. 군인에게 요구되는 정형화된 사고가 있지요. 그런데 사회생활을 하기 위해선 이런 경직된 사고에서 자유로워야 합니다. 그래야 다양한 생각과 성향을 지닌 사람들과 원만하게 관계를 맺을 수 있기 때문이죠. 강사님도 아버지에게서 영향을 받은, 틀에 박힌 경직된 사고에서 자유로워질 필요가 있어요. 그래야 정신적 피로가 물러갑니다."

한의사 강용혁은 말한다.

"우울증 극복 방법을 찾기 위해서는 자기 내면에 어떤 '경직된 사고'가 존재하는지를 파악해보는 게 중요합니다. 정신의학적으로는 '중독성 사고'라고도 말합니다. 사람의 생각 역시도 한 가지 막다른 길만 생각하고 또 다른 우회로를 생각하지 못하는 중독성 사고에 빠질 수 있습니다. 이렇게 되면 아무리 약을 먹어도 우울증은 극복되지 않고 삶은 점점 사면초가에 직면하게 됩니다.”

우울증은 성실하고 정직한 사람에게 많이 생긴다고 한다. 세상은 ‘흑 아니면 백이다’라는 흑백논리로 무장한 채 오로지 백의 사고와 행동을 해야 한다고 믿는 사람에게 우울증이 온다는 거다. 살아가다 보면 흑이 백이 되기도 하고, 백이 흑이 되기도 한다. 이걸 결코 받아들이지 못하는 사람에게 찾아오는 게 우울증이다.

그래서 자신의 머리를 고정관념과 경직된 사고에서 자유롭게 하는게 중요하다. 그래야 새로운 생각과 변화를 시도할 수 있으며 이를 통해 일상 속에서 깨알 같은 행복을 더 많이 발견할 수 있다.

09

글쓰기를
습관화하라

산책을 하다가 SNS에 올린 글이다.

내 작은 꿈은
우리 가족 모두 건강하게 소통하며 살기
내 소중한 꿈은
우리 가족 모두 행복하게 즐겁게 살기
내 아름다운 꿈은

우리 모두 후회 없게 즐기며 살기
내 빛나는 꿈은
오늘 하루 최고답게 멋지게 살기
꼭 그렇게 살기

　빠듯한 강의 일정 탓에 늘 정신없이 보내지만 그런 와중에도 토막 시간을 이용해 SNS에 글을 올린다. 강의를 끝마친 후에 산책하면서, 차 시동을 걸기 전에, 잠들기 전에 언제든지 글을 쓴다. 이 글은 마음의 여유가 있을 때 쓴 글이다. 이 글을 쓰면서 내 꿈을 다시금 상기하고, 그 꿈을 이루기 위해 나와 약속을 했다.

　'매일 해온 것처럼 매사에 최선을 다해서 살아가자. 그렇게 하면 꿈이 이루어질 거야.'

　때로는 강사인 나 자신에 대해 회의가 들 때가 있다. 더 큰 목표가 있기 때문이다. 그럴 때 이 글을 썼다.

믿는다. 나는 나를
믿는다. 나는 내 안의 거인을
믿는다. 나는 내 속의 가능성을

내 눈에 보이는 것이 전부가 아니다.
내 눈에 보이지 않는 것이 더 많다.
그것이 보석이다.

한 자 한 자 글을 쓰면서 '믿는다'를 반복했다. 그러면서 나는 '믿음'을 더 강렬하게 불 지피고 싶었다. 이 글을 쓰면서 위로를 받는 동시에 나에 대한 확신을 얻었다. 그러자 온몸에서 피가 불끈불끈 솟아나는 것만 같았다.

이렇듯 글쓰기에는 특별한 힘이 있는 게 분명하다. 환경이 좋으면 좋은 대로, 나쁘면 나쁜 대로 잠깐이라도 마음을 정갈히 하고 글을 쓰노라면 내면이 깨끗해지는 경험을 한다. 좋은 일의 의미는 새롭게 다가오고, 나쁜 일의 상처는 홀가분해진다. 새로 글을 쓸 겨를이 없을 때는 한두 문장이라도 쓴다. 그것조차 어려울 땐 책의 명문을 옮겨 적는다. 매번 이렇게 글쓰기를 하면서 치유를 경험한다.

1980년대 후반에 미국 텍사스대학 심리학과 교수인 제임스 페니베이커James Pennebaker 박사가 강간 피해 여성을 대상으로 글쓰기 효과를 조사했다. 박사가 만난 여성들은 분노와 상실감으로 삶을 자포자기하고 있었다. 그런 그녀들이 글쓰기를 통해 구원의 밧줄을 잡을 수 있었다. 여성들은 눈물을 흘리며 자신의 마음속 이야기를 솔직히 적어나가면서 과거의 악몽에서 서서히 벗어날 수 있었다.

《치유의 글쓰기》에 나오는 이야기다. 이 책을 쓴 셰퍼드 코미나스Sheppard Kominars도 글쓰기가 주는 치유의 경험을 온몸으로 겪었다. 그녀는 젊은 시절 편두통에서 벗어나고자 일기를 쓰기 시작하면서 고통에서 해방되었다. 글쓰기가 치유의 힘을 가지고 있다고 역설하는 그녀는 말한다.

"살아가면서 일기 쓰는 일을 가장 우선적인 습관으로 생각하고 이 일에 충분한 시간을 부여하면 그것은 최고의 자기 배려가 될 것이다. 글쓰기는 자기 안에서 기쁨을 찾게 해주는 한편, 슬픔과 갈등의 경험과 직접 대면하는 일에도 큰 도움이 되기 때문이다."

괴롭고, 우울하고, 화가 나는가? 과거의 상처 때문에 숨이 막히는가? 그렇다면 카페에서, 강의실과 사무실에서, 지하철과 버스에서, 집에서 글쓰기를 해보자. 글쓰기가 점차 습관이 되어갈 때쯤 눈부신 치유의 경험을 하게 될 것이다.

10

여성 리더의
성공 일화를 엿보라

위기를 극복해 한 분야에서 일가를 이룬 여성을 보면 언제나 가슴이 뛴다. 내게는 가슴 설레게 하는 여성 성공 일화 두 가지가 있다. 평범하게 살아가다가 강사로 전업해 스타 강사가 된 김미경 강사와 전망이 불투명한 금고 기업을 굴지의 기업으로 성장시킨 CEO 김영숙의 이야기다. 그들을 보면 '저들도 했는데 나라고 못 할 게 뭐야?'라는 생각이 든다.

스타 강사 김미경은 원래 잘나가는 피아노 학원 원장이었다. 학원 사업이 잘되어 학원 원장들에게 학원 경영 노하우를 강의하기도 했다. 그녀는 부족함 없는 경제적 여유를 누리고 평범하게 살아가고 있었다. 그런 그녀가 교육 사업자로서 자존감에 상처를 받는 일이 있었다.

부모가 아이를 데리고 학원에 찾아올 때는 교육자인 자신에게 깍듯했다. 선생님에 대한 존경심이 묻어나서 기분이 좋았다. 그런데 몇 개월 후 피아노 기초를 다진 아이가 학원을 그만두게 되면 언제 봤느냐는 듯이 냉담하게 대했다. 이럴 때면 마치 자신이 상품을 파는 영업 사원이 된 듯한 자괴감에 빠져들었다.

그녀는 모든 사람에게 교육자로 존중받는 일을 하고 싶었다.

'난 진정한 교육자가 되고 싶어. 돈 몇 푼에 쩔쩔매고 싶지는 않아.'

이렇게 해서 피아노 학원을 접고 아무런 미래가 보장되지 않은 기업 강사의 길에 들어섰다. 이때가 스물아홉이었다. 이후 그녀는 뛰어난 강의 실력과 함께 연이어 터뜨린 베스트셀러로 각종 방송에 출연하게 되면서 스타 강사의 반열에 올랐다.

같은 강사로서 김미경을 보면 본받을 점이 한둘이 아니다. 특히, 그녀가 안정된 학원 사업을 뒤로한 후, 전망이 불투명하고 수입이 불규칙한 강사로 전업한 점을 높이 산다. 보통 사람은 현실에 안주하기 마련이다. 하지만 그녀에게는 존경받는 교육자가 되겠다는 간절한 꿈이 있었고, 그것을 이루기 위해 과감히 도전했다. 그런 그녀는 평범한 학원 원장에서 많은 사람에게 감동을 주는 스타 강사가 되는 데 성공했다.

국내 금고 시장 점유율 1위의 선일금고 김영숙 대표는 살림만 하던 주부였다. 선일금고의 창업주인 남편이 갑자기 사망하자 그녀가 회사를 떠안게 되었다. 주변에서는 선일금고의 미래를 불확실하게 여기고 회사가 망하는 건 시간 문제로 봤다. 이때 경영을 전혀 몰랐던 그녀는 속으로 다짐했다.

'남편이 창업한 회사를 이렇게 속절없이 망하게 할 순 없어. 그렇게 되면 남편에게 큰 죄를 짓는 거야.'

이후 그녀는 여성 특유의 친화력을 발휘해 회사를 살려 나갔다. 작지만 강한 기업을 만들기 위해 환골탈태하자고 직원들을 끊임없이 독려했다. 이 과정에서 세계 어느 나라에서도 시도하지 않은 모험을 했다. 기존 금고와 달리 인테리어 가구처럼 생긴 금고를 만든 것이다. 이렇게 세련된 디자인으로 만들어진 금고가 대성공을 했다. 이렇게 해서 그녀는 기울어져 가던 회사를 기사회생시키는 데 성공했다.

이외에도 가슴 뛰는 여성의 성공 일화가 수도 없이 많다. 사실 이런 성공 일화에는 알토란 같은 교훈이 듬뿍 들어 있다. 어떻게 기회를 잡아야 하는가? 위기 상황을 극복하려면 어떻게 대처해야 하는가? 이직을 할 때는 경력을 어떻게 활용해야 하는가? 누군가에게 도움을 받으려면 어떻게 해야 하는가? 꿈꾸는 미래를 위해 어떤 마음으로 무장해야 하는가? 이 물음에 대한 해답을 성공한 사람들의 일화에서 얻을 수 있다.

어떤 직업을 선택해야 할지 결정을 못 할 때, 지금 겪고 있는 난관의 해법을 모를 때, 매너리즘에 빠져 있을 때, 땀 냄새 물씬 풍기는 여성 리더의 성공 일화를 엿보자. 그러면 모호하고 불확실했던 것이 선명해지는 동시에 내 속에서 열정이 펄떡이는 걸 느낄 수 있다.

11

매력적인 신체를
가꾸어라

요즘 소위 '몸짱'이 대세다. 남성 못지않게 여성에게도 잘 만들어진 근육질 몸매가 자랑거리가 되고 있다. 과거에는 20대 여성들이 비쩍 마른 몸매를 추구했다면, 요즘은 탄력 있는 몸짱을 선호한다. 그래서 최근 피트니스 센터에는 남성 못지 않게 여성들도 많다. 그곳에서 여성들은 땀을 흘리면서 예쁘게 근력을 기르고 있다. 보는 시각에 따라 여성이 좋은 몸을 가꾸려는 노력이 지나친 외모 지상주의로 치부될 수도 있다. 탄탄한 근력을 바탕으로 한 훌륭한 몸이 결국 여성을 상품으로 만드는 것 아니냐는 거다. 그러나 그런 우려와 달리 사실 훌륭한 신체를 가꿈으로써 얻을 수 있는 이점은 적지 않다.

머슬 마니아 2관왕을 거머쥔 레이양은 과거에 우울증과 폭식증에 시달렸고, 한때 체중이 70kg까지 나갔다. 그런 그녀가 우울증을 이겨내고자 요가와 함께 헬스를 시작해 헬스 트레이너까지 되었다.

"요가를 잘했지만 더 전문적으로 알고 싶어서 헬스를 시작하게 됐고, 머슬 마니아까지 도전하게 되었습니다."

이렇게 해서 그녀는 아름답고 당당한 몸을 가꾸었고, 가뿐하게 우울증과 폭식증을 날려 보냈다.

'몸짱 아줌마'라고 불리는 정다연도 그렇다. 그녀는 몸을 가꾸기 전에는 뚱뚱한 몸매로 자신감도 없었고 온종일 집안에서 생활하다 보니 우울증을 겪었다. 그런 그녀는 본격적으로 헬스를 시작해 당당한 신체를 만들었다.

"자신감이 없다 보니 스스로 불안해하고 불행을 키워왔지만 운동을 통해 긍정적으로 바뀌게 되었습니다."

이렇듯 근력 운동을 바탕으로 한 '몸짱' 되기는 정신적, 육체적 건강에 많은 도움을 준다. 다이어트라는 면에서도 근력 운동이 지방 연소에 큰 효과를 발휘한다는 점을 간과하지 말자. 여성이 매력적인 신체의 기본인 근력을 키움으로써 얻을 수 있는 이점은 5가지다.

1. 뼈 밀도를 높인다

무리한 다이어트, 불규칙한 식사 등은 여성의 뼈를 약하게 한다. 그래서 크고 작은 충격에 부러지는 일이 많은데 이를 예방할 수 있다. 캐나다 맥마스터 대학교 연구팀의 연구 결과에 따르면, 일 년간 근육 운동을 하면 척추의 양이 9% 증가하는 것으로 나타났다.

2. 지방 대신 근육을 형성한다

미국 펜실베이니아 주립대학교 연구팀에 따르면, 식이요법과 운동으로 9.5kg을 감량한 사람 중 유산소 운동만 한 사람은 근육이 약 2.7kg 감소한 반면 근력 운동을 한 사람은 지방이 없어진 대신 근육이 증가한 것으로 나타났다.

3. 자세를 개선한다

탄탄한 근력이 생기면 구부정한 자세를 교정하는 데 도움이 된다. 젊은 여성이 자세가 바르지 않은 것은 대체로 근육이 부족하기 때문이다.

4. 각종 질병을 예방한다

근력 운동은 그 자체로 혈당을 조절해 당뇨병 예방에 도움이 된다. 게다가 근력 운동은 장기에 생긴 많은 지방을 연소함으로써 심혈관 질환을 예방한다.

5. 행복감을 높인다

근력 운동을 지속적으로 하면 행복감을 높이는 엔도르핀이 마구 솟아난다. 이뿐만 아니라 탄력 있고 아름답게 변해가는 자신의 몸매를 거울로 보면서 어디에서도 맛볼 수 없는 행복감을 만끽할 수 있다.

지금, 당장 전신 거울에 비친 자신을 바라보자. 자신의 몸매가 만족스러운가? 그렇지 않다면 망설이지 말고 바벨, 덤벨을 들어 올려라. 꾸준히 근력 운동을 하다 보면 어느 날 많은 사람 사이에서도 눈에 띄는 매력적인 몸으로 바뀔 수 있다. 자신감과 행복의 왕관을 쓴 채로 말이다.

12

여유있게
음식을 즐겨라

여대생은 스펙 쌓기 때문에, 또 대졸 여성은 취업 준비로, 어렵사리 회사에 취직한 여성은 직장 생활에 치여서 도통 정신적, 시간적 여유가 없다. 늘 시간에 쫓기는 생활을 하는 여성은 식사를 대충 하기 마련이다. 그래서 도시락, 라면, 김밥, 햄버거, 빵 등 빠르고 편하게 한 끼를 때울 수 있는 간편한 음식을 선호한다. 이런 음식으로 후딱 배를 채우는 일이 하루 이틀이 아니다.

그로 인해 의식주가 주는 3가지 즐거움 가운데 하나인 '먹는 기쁨'

을 잃어가고 있는 게 아닐까? 사람들이 사회적으로 성공하려는 것도 알고 보면 좋은 옷 입고, 맛있는 음식 먹고, 좋은 곳에서 잠자기 위해서인데 말이다.

이처럼 맛의 즐거움을 잃어가다 보니, 간접적으로 먹는 즐거움을 대리 충족할 수 있는 것을 찾게 되었다. 그게 바로 소위 '먹방', '쿡방'이다. 혼자 원룸에서 대충 식사를 때우면서 스마트폰이나 TV에 나오는 요리 프로그램을 통해 먹는 즐거움에 대한 허기를 달랜다. 유명 레스토랑의 요리나 처음 접해본 외국 요리, 유명 요리사의 요리, 입맛 돋우는 집밥 요리 등을 보면서 마치 자신이 그 요리를 맛보는 듯한 착각에 빠져든다.

게다가 과도한 다이어트 때문에 20대 여성들이 음식다운 음식을 해서 먹는 일이 드물어졌다. 극단적으로 마른 연예인의 몸매와 닮아지길 원하다 보니, 식사량과 음식의 종류를 지나치게 제한한다. 이렇게 해서 그들은 점차 먹는 즐거움을 잊어버리고 있다.

영화 〈바베트의 만찬〉은 인간에게 먹는 즐거움이 얼마나 중요한지를 잘 보여준다. 금욕적으로 살아가는 루터파 신자들이 모여 있는 덴마크의 한 어촌이 영화의 배경이다. 이곳에 프랑스 여인 바베트가 찾아와 두 자매에게 당분간 살아갈 수 있도록 도움을 요청한다. 그 여인은 유명 식당의 요리사였다.

그런 그녀에게 행운이 찾아온다. 12년이 지날 즈음, 만 프랑짜리 복권에 당첨된 것이다. 그러자 그녀는 자신을 돌봐준 두 자매의 아버지인 목사의 100번째 생일 만찬을 프랑스식으로 차리게 해달라고 요청했다. 어렵사리 승낙을 받은 그녀가 각종 요리 재료를 공수해오자 마을 사람들은 불안에 떤다. 독실한 신자들은 음식에 대한 욕망을 절제해야 맑은 영혼을 간직할 수 있다는 생각을 지니고 있었기 때문이다.

그런데 만찬에서 음식을 먹는 신자들 사이에서 의외의 일이 벌어졌다. 음식을 먹고 음미하는 그들 사이에서 사랑과 온기가 퍼지기 시작한 것이다. 그러자 그들 사이의 해묵은 갈등은 눈 녹듯 사라졌다. 이러한 축복 같은 장면을 동명의 소설은 이렇게 서술한다.

"그 후에 일어난 일은 정확하게 알 수 없다. 손님들도 정확하게 기억하지 못한다. 마치 수많은 작은 후광이 하나로 합쳐져 거룩한 광채를 내기라도 한 듯 천상의 빛이 집 안을 가득 메웠다는 것 외에는. 말수가 적은 노인들은 말문이 틔었고, 몇 년간 거의 듣지 못했던 귀가 열렸다. 시간은 영원 속으로 녹아들었다. 자정이 훨씬 지난 시각, 창문이 황금처럼 빛났고 아름다운 노래가 바깥의 겨울 공기 속으로 흘러나갔다."

오프라 윈프리Oprah Winfrey는 음식의 맛과 향기, 촉감과 시각적 요소 등에 대해 진심으로 고마워해야 한다고 말한다. 또한, 음식은 우리가 살아 있다는 사실을 상기시켜 주는 놀라운 것이며 혼자서 또는, 여럿이서도 즐길 수 있는 것이라고 한다.

"대부분 사람에게 음식은 진정한 즐거움이다. 먹는 것은 즐거움이 되어야 하며, 행복하게 경험해야 할 일이다."

본래 여성은 남성보다 미각이 발달되어 있다. 그간 여러 이유로 미각의 본능을 제대로 발휘하지 못했다면, 어쩌면 그것은 자기 학대일 수 있다. 자신이 먹고 싶은 음식을 풍족하게 차린 식탁 위에서 행복한 자아를 만날 수 있다는 사실을 잊지 말자.

13

과감한 패션을
연출하라

"정 소장님 하면, 언제나 붉은색 치마 정장이 떠오릅니다."

강의를 하러 다닐 때면 교육 관계자나 수강생들이 이런 말을 한다. 개인적으로 화려한 색으로 된 옷을 선호한다. 축 처져 있다가도 붉은색 정장과 구두를 신으면, 힘이 불끈 솟는 것 같다. 집에서 편한 복장으로 있을 때는 한없이 늘어지다가도 정장을 입으면 린다 카터가 원더우먼으로 변신하는 것처럼 평범한 아줌마에서 프로 강사로 변한다.

흔히 몸매에 자신이 없거나 심리적으로 위축되고 열등감이 심한 여성은 검은색 옷을 잘 입는 경향이 있다. 자신의 약점을 검은색 옷으로 덮고자 한다. 색채 전문가에 따르면 검은색, 남색 등 어두운 색을 선호하는 여성의 심리와 빨간색, 분홍색, 노란색 등 밝은색을 선호하는 여성의 심리는 차이가 있다.

어두운 색을 선호하는 여성	밝은 색을 선호하는 여성
자신의 몸에 자신이 없다 자신을 드러내기 싫어한다 감성적이다 내면이 약하다	예쁜 것을 좋아한다 애교가 많다 주변에 밝은 에너지를 전파한다 이상을 꿈꾼다

누구나 의기소침해지거나 스트레스가 심할 때면 밝고 화려한 옷에 손이 잘 가지 않는다. 그런 옷을 입기가 버겁다고 느낀다. 그래서 불안한 취업 현실, 경직된 회사 분위기 탓에 청춘 여성이 어둡고 칙칙한 패션에 빠지고 있는 게 현실이다. 문제는 그런 소심한 패션이 더욱 심리를 위축시킨다는 점이다. 우울함, 자신감 하락, 스트레스, 분노가 더 심해지면 심해졌지 나아지지 않는다.

그래서 기분 전환은 물론 자신감, 자존감 상승을 위해 과감한 패션 연출이 필요하다.《패션 테라피》를 저술한 김범영은 패션을 통해 마음의 상처를 치료할 수 있다고 한다. 늘 어둡고 칙칙한 패션을 고수하는 여성은 심리적으로 밝고 화려한 패션에 대한 부정적 감정이 잠재의식에 도사리고 있다고 한다. 그래서 특별한 각오를 품고 새로운 패션에 도전하면 할수록 밝고 긍정적인 패션에 대한 거부감이 점차 사라진다는 것이다. 이처럼 목적의식적으로 자기 패션에 대한 과감한 시도를 꾸준히 해야 밝고 긍정적인 패션이 습관이 될 수 있으며, 비로소 심리 문제가 해결된다. 그러면 우울증, 불면증, 대인공포증. 불안감, 열등감 같은 부정적인 심리 상태가 치유된다.

패션 테라피스트 김범영은 말한다.

"패션 테라피는 패션을 이용해 여성의 심리를 치유하고 몸과 마음을 개선하는 것을 목적으로 하며, 자존감과 자신감 회복, 몸과 마음의 안정과 조화를 이룰 수 있도록 한다. 패션 테라피는 심리 치료 및 신체화 현상의 치료에 효과가 좋다."

유수의 국내 기업과 기관 100여 곳 이상의 조직과 개인을 대상으로 자기 계발, 인간 경영 훈련, 커뮤니케이션 교육을 해온 '변화 행동 전문가' 윌리엄 장William Jang 또한 패션의 중요성을 강조한다.

"착한 사람들은 남이 아니라 자신을 위해서 외모를 가꾼다. 물론 그들은 내면의 중요성도 절대 간과하지 않는다. 나에게 착한 사람들이란 자신에게 맞는 옷을 어떻게 입어야 하는지 잘 알고 있는 이들이다. 그들은 외모와 복장의 중요성을 그 누구보다 잘 알고 있다. 옷을 비롯한 패션은 당당한 자신감뿐만 아니라 삶에 의욕을 불어넣어주고 성공의 길로 가게 하는 매우 중요한 요소 중 하나다. 패션은 자신감을 배가시킨다."

하루아침에 과감한 패션을 습관화할 수는 없다. 장기적인 관점에서 조금씩 자신의 패션 스타일에 새로운 변화를 주자. 그러기 위해선 우선 패션 테러리스트에서 탈출하는 게 시급하다. 이로부터 차근차근 밝고 화려한 패션을 즐기는 자신을 만들어가면 어떨까?

■ 패션 테러리스트에서 탈출하는 방법 5가지

1. 기분이 좋아지는 옷을 입자

어두운 감정에도, 유행에도 얽매일 필요가 없다. 자신의 취향에 따라 입었을 때 기분이 좋아지는 스타일을 찾자. 이런 패션이 자신감과 자존감을 높여준다.

2. 패션에 돈을 투자하라

이것저것 여러 옷을 구매하면서 돈을 쓰는 대신 아이템 수를 줄이고 고급스러운 옷을 사라. 그래야 더 돋보이고 오래 입을 수 있다.

3. 친구들의 조언을 참고하라

옷을 잘 입는 지인이 있다면 도움을 요청하자. 제삼자의 의견은 패션에 큰 도움이 된다. 그러니 기분 나쁜 말이라도 잘 경청해 패션 연출에 참고하자.

4. 특색 없는 패션을 피하라

회사나 하는 일의 특성 때문이라고 핑계를 대지 말자. 가능한 범위 내에서 간편한 소품부터 나만의 패션 연출을 시도하자.

5. 몸에 꼭 맞는 옷을 입어라

치수가 안 맞는 옷을 대충 입으면 망친 패션이 된다는 걸 명심하자. 빈틈없이 몸에 딱 맞을수록 뛰어난 패션 감각을 뽐낼 수 있다.

14

나만의 방을
가꾸어라

"자가보다는 전세나 월세로 가는 추세다. '방스타'('방'과 '인스타그램'의 합성어, 셀프 인테리어로 유명해진 SNS 스타)들에게 '자기 집도 아닌데 왜 그렇게 꾸미냐'고 물어보니 '2년을 살아도 내 집이고 내 인생의 시간을 보내는 곳인데 좀 더 사람답게 살고 싶다'라고 하더라. 그래서 집을 꾸미는 데 수고를 아끼지 않더라."

한 방송사 프로그램인 〈내 방의 품격〉의 김종훈 PD가 한 말이다. SNS를 보면 방 꾸미기가 열풍인 걸 알 수 있다. '방스타그램', '집스타그램'

같은 말이 생길 정도로 많은 사람이 자기 방 꾸미기에 애착을 보이고 있다. 과거에는 30~40대 주부들이 집을 꾸몄다면 이제는 20대 여성이 주도적으로 자기 방 꾸미기에 나서고 있다.

남자들도 마음먹고 하기 쉽지 않은 셀프 인테리어에 20대 여성들 몸사리지 않는 이유가 뭘까? 명품 핸드백, 명품 옷을 입고 멋을 뽐내는 20대 여성에게 어떤 변화가 생긴 걸까? 불경기 탓인 듯하다. 경기가 안 좋다 보니, 높은 가격의 원룸을 감당하기는 버거워졌고 돈이 드는 야외 모임이나 회식 등이 줄어듦으로써 방에서 지내는 시간이 많아졌기 때문이다.

그래서 비교적 싸고 오래된 원룸에 살지만 하루 중 많은 시간을 보내는 방의 분위기를 적은 비용으로, 자주 가는 카페 못지않게 감각적으로 바꾸고 싶은 거다. 이처럼 요즘 여성은 드러내놓지 않은 자기만의 공간을 개성 있게 연출하면서 만족감을 얻고 있다. 개성을 살리고 만족도도 높은 셀프 인테리어 방법에는 어떤 게 있을까?

■ 20대 여성을 위한 셀프 인테리어

1. 밝은 색을 사용하라

색상이 집안의 분위기를 좌지우지하므로 오랜 시간 머무는 방의 색상을 밝게 하자. 밝고 환한 색상이 방을 더 넓어 보이게 하는 효과가 있으니 아이보리, 흰색 등을 사용해보자. 체리색 몰딩만 화이트 페인트로 칠해도 분위기가 확 달라진다.

2. 비어 있는 벽을 활용하라

비좁은 원룸의 경우 빈 벽을 활용할 수 있다. 흔히 바닥이나 침대 밑에는 물건을 보관하지만 빈 벽은 주목하지 않는다. 방이나 욕실, 싱크대의 빈 벽에 아담한 선반을 설치해 공간을 더 확장하자.

3. 다기능 가구를 사용하라

역시 원룸 자취생의 최대 고민은 비좁은 공간이다. 낮에는 소파, 저녁에는 침대로 활용할 수 있는 소파베드, 일체형 책상 침대, 이층 침대를 선택하자. 조금이라도 넓어진 공간을 만끽할 수 있다.

4. 감각적인 디자인의 이불을 선택하라

단순히 기능성만 볼 게 아니라 심플한 디자인에 주목하자. 감각적인 디자인의 이불은 침실 분위기를 확 바꾼다. 아침저녁으로 산뜻한 기분을 맛볼 수 있다.

5. 조명을 놓치지 마라

방 꾸미기에서 조명은 마침표에 해당한다. 다른 부분은 꽤 신경을 쓰지만 조명을 놓치는 경우가 많다. 조명 하나를 바꾸는 것만으로 내 방을 호텔 같은 분위기로 연출할 수 있다. 형광등 대신 레일 등, LED 전구를 활용하면 멋은 멋대로 내고, 전기 소비도 줄일 수 있다.

나 또한 나만의 방 꾸미기를 하는 방법이 있다. 바쁘게 강사 생활을 하는 탓에 집에 머무는 시간이 적다. 그래서 대충 꾸미고 사는 것이 사실이다. 그래도 바쁜 시간을 쪼개 화초 키우기를 하고 있다. 아파트 거실 창가 쪽에 산세베리아, 황금죽, 인도고무나무, 행운목, 바이올렛, 벤자민 등 다양한 화초를 키우고 있다.

강의를 마치고 오는 틈틈이 사다 모은 게 이렇게 많아졌다. 이 많은 화초가 집안 분위기를 생동감 있게 한다. 서둘러 출근하는 이른 아침, 집에 돌아온 늦은 밤, 늦잠을 잔 일요일 오후에는 언제나 이 화초들이 나를 반긴다. 나는 화초들에게 말을 건넨다.

"잘 컸네."

"거실을 빛나게 해줘서 고마워."

화초로 꾸며진 거실은 내게 마음의 위안을 준다. 이처럼 방 꾸미기는 단순한 공간 연출에 그치는 게 아님을 알 수 있다. 적은 비용으로 방을 새롭게 연출하면 확연히 기분이 달라짐을 느낄 수 있다. 방을 스타일링 하면 일상이 스타일이 된다.

15

당당한 성 정체성을
확립하라

"왜, 정조 관념 때문이라고 보시죠?"

모 기관에서 진행하는 '아름다운 성' 특강에서 만난 20대 초반의 여성이다. 그 여성은 강의가 끝난 후 내게 메일을 보내왔다. 성에 대한 고민이 있어서다. 마침 특강을 했던 곳으로 가게 될 일이 있어서 그녀와 미팅을 했다. 그러곤 그녀의 이야기를 경청했다.

그녀는 대학 1학년 때부터 많은 남자를 사귀면서 자유롭게 성생활을 했다고 한다. 현재도 한 남성과 성관계를 맺고 있다고 했다. 사실 그녀는 대학 1학년 때 과 선배와 반강제적으로 성관계를 맺었다. 그녀 자신은 수년 전 일이라서 다 잊었다고 했지만 그게 문제가 된 듯했다. 내가 보기엔 그 일로 인해 그녀가 강박적으로 성에 매달리는 것처럼 보였다.

"자유롭게 성생활을 누리니까 정조 관념에서 탈피한 듯하시죠? 하지만 그렇지 않아 보입니다. 1학년 때 맺은 성관계는 정상적인 게 아니라 명백한 성폭력입니다. 그런데도 자신은 성폭력의 희생자라는 걸 인정하고 싶어 하지 않는 거죠. 하나 묻겠습니다. 1학년 때는 순결을 지키자는 생각을 하고 있지 않았나요? 그런데 그걸 우연히 잃어버린 게 아닌가요?"

그녀는 거칠어진 호흡을 가다듬었다.

"네, 그때만 해도 저는 당연히 순결을 지켜야 한다고 생각했어요."

"그게 문제예요. 본의 아니게 처녀성을 상실하고 나니 될 대로 되라는 생각이 싹튼 거예요. 여성의 성은 결코 순결하게 지켜야 하는 게 아닌데 말이죠. 그래서 일단 몸이 더럽혀졌으니 마음껏 성을 추구해도 된다는 논리가 생긴 거예요."

요즘 20대 여성은 성에 대해 개방적인 태도를 지니고 있다. 2012년, 대한보건협회가 실시한 조사에 따르면, 학생 562명 가운데 성 경험이 있는 학생은 368명이며, 이 가운데 남학생이 71.5%, 여학생이 60.2%로 나타났다. 이것을 보면 '정조 상실은 곧 수치'라는 관념에 사로잡힌 여성은 많이 없어진 듯하다.

그런데 상당수 여성이 의식적으로, 무의식적으로 정조 관념에 시달리고 있다. 특히, 많은 여성과 성에 대해 상담해본 결과, 자신은 스스로 선택해 숱한 남성과 성생활을 한다고 하지만 실은 그게 순결 관념 때문인 경우가 종종 있었다. 순결 관념이 없으면 한번 원하지 않은 성관계를 맺게 되더라도, 그 후 자신의 성을 당당히 지켜갈 수 있다. 그런데 순결 관념을 지니고 있으면, 원치 않은 성관계로 인해 처녀성을 잃어버린 경우 지켜야 할 순결이 없으니 자유분방하게 성을 추구해도 된다는 잘못된 생각에 빠지게 된다.

여성의 성을 순결하게 지켜야 한다는 건 가부장적 사고다. 그러니 처녀성을 잃었더라도 당당하고 아름답게 성을 지켜야 한다. 성에 대한 결정권은 바로 나 자신에게 있기 때문이다. 그 무엇에도 휘둘리지 말고 주체적으로 당당히 아름다운 성을 만들어가야 한다.

명심하자! 스스로 성을 선택하고 결정할 수 있는 우리 여성은 성에 대한 권리와 자유를 지니고 있다. 그래서 당신이 순결 주의를 선택한다면 그 권리를 존중받아야 한다. 이와 마찬가지로 당신이 성 개방주의를 선택한다면 그것 또한 인정받아야 한다.

성 문제로 상담하러 오는 청춘 여성에게 나는 이런 조언을 해준다.

"성은 여자와 남자가 평등해야 해요. 또한, 여성이 '예, 아니요'를 정확히 밝히고 감정 표현을 분명하게 해야 합니다. 이렇게 할 때 똑똑하고 행복하게 성에 대한 결정권을 행사하고, 진정으로 자신이 원하면서 상처를 전혀 받지 않는 성 경험을 할 수 있어요."

3장

자존감을
튼튼하게 다지기
:
자기 반성

01

행복한
이기주의자가 되라

현대인들은 혼자 보내는 시간이 많아졌다. 혼자 카페에서 커피를 마시고, 혼자 영화관이나 미술관을 찾고, 혼자 장을 본다. 집에서도 많은 시간 혼자 지낸다. 겉으로 보면 자신에 대해 더 많은 생각을 하는 기회가 되는 듯 하지만 실은 그렇지 않다.

상당수 20대 여성은 어릴 때 형성된 '회피 성향' 때문에 타인에게서 벗어나고자 하는 경향이 있다. 자라면서 부모와 정상적인 애착 관계를 맺지 못한 탓에 늘 타인과 관계 맺기가 부담스럽다. 친구, 선생님, 이웃과 관계를 맺음으로써 생기는 상처, 책임감, 속박 등을 견디기 어려워한다. 그래서 혼자 속으로 말한다.

'혼자가 편해. 만사가 귀찮단 말이야.'

'사람과 부대끼면 골치만 아플 뿐이야.'

이는 분명히 혼자만의 시간을 적극적으로 활용하고자 하는 요즘의 혼족과는 또 다르다. 요즘의 혼족은 자의 반 타의 반 혼자만의 시간을 갖게 되면서 그 시간을 능동적으로 보내고자 한다. 공부를 하고, 운동을 하고, 취미 생활을 하면서 미래에 맞이할 인간관계를 염두에 둔다.

자신이 '회피를 위한 회피'를 하는 성향이라면, 지금부터라도 자신을 진지하게 생각하는 시간을 보내보자. 회피를 위한 회피는 결국 자기 소외의 늪에 빠지는 결과를 초래할 뿐이다. 지금부터라도 자신에 대한 생각에 집중하면서 그 무엇에도 간섭이나 억압받지 않은 순수한 나를 만나보자.

헤르만 헤세Hermann Hesse는 종교를 강요하는 엄격한 어머니 밑에서 자랐다. 그래서 그는 인간관계를 탈피하려는 본능 탓에 일탈한 삶을 살다가 가까스로 작가의 길을 갈 수 있었다. 그의 무의식에는 어머니의 그림자가 짙게 드리워져 있었다. 그런 그는 어머니가 죽자 비로소 '알을 깨고 나온 새처럼' 회피적 성향에서 벗어날 기회를 만난다. 이때 진실한 자신과 만날 수 있었고, 자신의 잘못된 성향을 끊어버릴 수 있었다. 이와 함께 연이어 세계적인 작품을 발표했다.

세계적인 애니메이션의 거장 미야자키 하야오宮崎駿도 그렇다. 그는 칭찬에 인색한 어머니가 병까지 걸린 탓에 어머니에게 자신의 속마음을 잘 표출할 수 없었다. 이로 인해 그는 강박증과 대인 기피증이 생겼고 사람들을 회피하고자 했다. 그런 그는 대학생이 되어 학생운동을 하면서 진정한 자신에 대해 생각할 시간을 가질 수 있었다.

'언제나 혼자인 나는 정상인가?'

이런 생각을 하면서 서서히 회피 성향에서 벗어났고, 사람들과 살갗을 부대끼는 따스한 사람으로 변했다.

20대 중반인 자폐증 환자 C 씨는 초, 중, 고부터 대학까지 친구 하나 변변히 없었다. 그녀는 대학을 졸업한 후 형식적으로 취업을 준비하다가 이내 일 년이 넘게 집에 갇혀 지냈다. 자취를 하며 부모님에게는 학원에 다니며 취업 준비를 한다고 둘러댔다. 그녀가 내 블로그에 댓글을 남기면서 대화를 주고받게 되었다. 이 여성은 자발적 혼족이 아니라 어릴 때 부모에게 애정을 받지 못한 탓에 '회피 성향'에 빠지고 말았다.

여성에게 조언을 해주었다.

"과거의 경험으로 현재의 나를 가리지 마세요. 그 어떤 의무, 기대로도 자신을 대신하지 마세요. 현재의 나 자신만을 생각해보세요. 그때 만나게 되는 것이 진정한 나 자신입니다. 오로지 나만 생각하세요. 그러다 보면 잘못된 회피 성향에서 조금씩 벗어날 수 있을 거예요."

세계적인 심리학자이자 동기 부여가인 웨인 다이어Wayne Dyer는 자신의 가치는 다른 사람의 판단으로 결정되지 않는다고 말한다. 그에 따르면 순수한 나 자신이 소중하다. 타인의 가치와 강요에 영향을 받은 나는 내가 아니라 타인이나 다름없다고 하면서, 행복한 이기주의자가 되라고 한다. 오로지 나만 생각하는 행복한 이기주의자가 되기 위해 다음

십계명을 실천하면 어떨까?

■ 행복한 이기주의자 십계명

1. 남보다 자신을 먼저 사랑하라.

2. 다른 사람 눈치를 보지 마라.

3. 자신에게 붙어 있는 꼬리표를 떼라.

4. 자책과 걱정은 버려라.

5. 미지의 세계를 즐겨라.

6. 의무에 매이지 마라.

7. 정의의 덫에 빠지지 마라.

8. 결코 뒤로 미루지 마라.

9. 다른 사람에게 의존하지 마라.

10. 화에 휩쓸리지 마라.

02

나를 향한
사랑 고백

"자기 자신과 연애하듯 살아라. 자부심이란 다른 누구도 아닌 오직 당신만이 자기에게 줄 수 있는 것이다. 다른 사람이 당신에 대해 뭐라 말 하든 어떻게 생각하든 개의치 말고 언제나 자신과 연애하듯이 살아라."

심리학자 어니 젤린스키Ernie Zelinsky의 말이다. '연애'라는 말은 남자 친구와의 관계에나 어울릴 법한 단어다. 20대 청춘 여성에게 주어진 조물주의 최고 선물이 연애다. 그런데 연애의 감정을 반드시 남자 친구에게만 품을 이유는 없다.

나는 아침저녁으로 거울 앞에 서서 오른쪽 가슴에 손을 올려놓는다. 그러곤 활짝 웃는 나를 바라보면서 나직한 목소리로 말한다.

"사랑한다. 지승아, 정말 사랑한다."

"나는 참말로 멋있구나."

마치 타인에게 하듯이 나 자신에게 사랑의 감정을 품는다. 이런 행동을 처음 접한 이들은 아마 닭살이 돋을지도 모르겠다. 사실 세상에서 그 누구보다 소중한 게 바로 나 아닌가? 하지만 남자 친구나 부모님, 주위 사람들에게만 관심과 애정을 기울이고 있는 게 현실이다. 사랑이 오로지 타인에게 베풀기 위해 존재한다고 착각하는 사람도 있다.

타인을 진심으로 아낌없이 사랑하기 위해서는 우선 자기 자신을 사랑해야 한다. 열등감, 트라우마, 수치감 등으로 항상 불만, 결핍, 불행에 빠진 사람은 진심으로 타인을 사랑할 수 없다. 자신을 사랑하는 사람이야말로 늘 행복하고 자존감이 높기 때문에 타인을 넉넉하게 사랑할 수 있다.

자기를 사랑하지 않는 사람은 마치 사막에 버려진 사람과 같다. 그는 배고픔과 갈증에 시달리기 때문에 생존을 위해 어떤 일이든 서슴지 않고 행동한다. 자신의 생명을 부지하기 위해서라면 심지어 타인의 생명을 죽이기도 한다. 이와 달리 자기를 사랑하는 사람은 먹을 것이 풍부한 숲에서 살아가는 사람과 같다. 그는 늘 넉넉한 마음과 행복감을 가지고 있기 때문에 자기 이익을 위해 타인의 이익을 침해하지 않는다. 그는 자신의 이익을 양보해서라도 타인의 이익을 보호해준다.

타인 사랑에 앞서는 게 자기 사랑이다. 자기 사랑은 돈이나 명예, 타인의 사랑으로도 채울 수 없다. 오직 나 자신만이 나에 대한 사랑을 선택할 수 있다. 인생을 살아가면서 사람들은 부모님, 선생님, 멘토, 친구 등을 의지하고 살아간다. 하지만 인생 최고의 신뢰할 만한 벗은 바로 나다. 그 벗에 대한 뜨거운 사랑을 놓쳐서는 안 된다.

위대한 사랑, 나를 사랑하려면 어떻게 해야 할까? '나를 사랑하기 프로젝트 15가지'를 실천해보자. 이는 《나를 더 사랑하는 법》이란 책에 소개된 것으로, 전 세계적으로 수많은 사람에게서 열광적인 호응을 얻었다.

과제 1 휴대전화에 늘 간직하고 있는 문자 메시지나 사진에 관해 이야기해보기

과제 2 요즘 빠져 있는 일에 관해 이야기해보기

과제 3 해보고 싶은 가상의 메신저 대화나 인상적인 대화명 떠올려보기

과제 4 응원의 말을 담은 게시물을 만들어 공공장소에 설치해보기

과제 5 주변에서 빨간색을 찾아 사진으로 찍고, 그것에 관해 이야기해보기

과제 6 소중한 사람에게 만들어주었던 도시락, 또는 잊을 수 없는 도시락에 관해 이야기 나눠보기

과제 7 늘 다니는 나만의 길에 대한 이야기 들려주기

과제 8 낯선 사람들과 함께 사진을 찍어보고, 그 사람들에 관해서 이야기해보기

과제 9 일상의 작은 변화 전후를 비교해보고, 무엇이 달라졌는지 설명해보기

과제 10 좋아하는 예술 작품을 따라 해보거나 경의를 표현해보기

과제 11 중요한 날 입었던 옷이나 기억 떠올려보기

과제 12 어제의 나, 버리고 싶은 습관에 작별 인사해보기

과제 13 하고 싶었지만 할 수 없었던 말 다시 해보기

과제 14 오늘 하루도 애쓴 나의 몸과 옛 상처에 말 걸어보기

과제 15 세상을 떠날 때 남기고 싶은 사진이나 말을 생각해보기

현재의 나 자신을 있는 그대로 사랑하자. 거울 속에 비친 나를 있는 그대로 사랑하자. 팔을 X자로 포개 자신을 감싸고 나서 자신을 사랑하는 감정에 푹 빠져보자. 나에 대한 사랑이 새롭게 샘솟는 걸 체험할 수 있다. 심리학자 웨인 다이어는 말한다.

"남을 사랑할 수 있는 능력이 자기 자신을 사랑할 때 비로소 생겨난다는 것을 아는 사람은 별로 없다. 자기 내면에 자리한 사랑을 감지할 수 있는 사람만이 조건 없는 진실한 사랑을 할 능력이 있다. 자기 자신을 사랑한다면, 이 사랑을 계속 남에게 전하는 것 역시 매우 자연스럽고 당연한 일이다."

03

자신의 장점을
적고 낭독하라

"자신의 장점 서른 가지를 백지에 쓰고 낭독하는 시간을 가질게요."

대학교, 기관, 단체에서 힐링 강의를 할 때면 이런 요청을 한다. 처음엔 다들 고개를 갸웃거린다. 힘을 얻으려고 강의에 참석했는데 고작 내놓은 처방이 이거냐는 반응이다. 게다가 마지못해 백지에 장점을 하나씩 써가면서도 서른 개나 쓸 게 있느냐며 볼멘소리를 한다.

시간이 지나서 보면, 어떤 분은 서른 개를 다 채우지만 어떤 분은 서른 개를 채우지 못한다. 왜 이런 차이가 생길까?

전자는 자신의 긍정적인 면에 대한 자긍심이 높은 경우이고, 후자는 자신의 부정적인 면에 갇혀 자긍심이 약한 경우다. 사람에게는 긍정적인 면이 있는 반면에 부정적인 면도 있다. 자긍심이 높은 사람은 그 어떤 최악의 상황에서도 긍정적인 면을 찾아내어 위기를 극복할 용기를 낸다. 하지만 자긍심이 낮은 사람은 그리 나쁘지 않은 상황에서도 그만 부정적인 면에만 초점을 맞추는 탓에 만사를 포기한다.

수강생은 자신의 장점 쓰기를 어색해하다가도, 막상 다 쓰고 나면 신기하다는 반응을 보인다.

"내게 이렇게 장점이 많이 있었어? 이런 장점이 있는지 미처 몰랐어."

강의를 하는 단 두세 시간 만에도 이런 효과를 본다. 여기서 더 나아가 수강생들에게 장점 서른 가지를 쓴 백지를 보면서 아침저녁으로 낭독하라고 주문한다. 이렇게 최소 한 달에서 6개월 정도 꾸준히 해보라고 한다. 그러면 실제로 많은 변화가 일어난다.

어떤 여성은 열등감으로 괴로워했는데 열등감을 치유했고, 대인 기피증 때문에 직장 생활이 원만하지 않은 여성은 자신감을 회복했으며, 패배주의로 무력감에 시달리던 한 여성은 긍정적 사고를 지니면서 적극적인 생활을 할 수 있었다.

피그말리온 효과와 낙인 효과를 아는가? 전자는 자기 이행적 예언으로 특정인의 긍정적인 면에 초점을 맞추어 칭찬하면 더욱 높은 잠재력을 발휘한다는 것을, 후자는 특정인의 부정적인 면에 초점을 맞추어 비난하면 더더욱 나쁜 쪽으로 일탈한다는 것을 말한다. 한 사람을 긍정적인 태도로 대하면 그 사람이 긍정적으로 변하고, 부정적인 태도로 대하면 그 사람이 부정적으로 변한다는 뜻이다.

이 두 효과는 타인뿐 아니라 바로 나 자신에게도 해당한다. 내가 바라보는 객관화된 '나'를 긍정적으로 대하면 더욱 긍정적으로 변하고, 부정적으로 대하면 더욱 부정적으로 변한다. 그래서 '나'를 긍정적으로 대하기 위해 자신의 장점을 써보는 것은 좋은 처방이 될 수 있다. 막연히 어떤 장점들이 있다고 머릿속으로만 생각하는 수준에 머물지 말고, 백지 위에 써서 시각화하는 게 중요하다. 백지 위에 적힌 많은 장점이 보석처럼 반짝거리는 걸 느낄 수 있을 것이다.

그 장점을 바라보고 또 낭독하노라면 '나'는 저절로 긍정적으로 변한다. 기존의 장점이 더 강화될 뿐만 아니라 장점을 기반으로 의욕적으로 새로운 일을 추진하기 때문에 새로운 장점이 더 생긴다. 5차원 학습법을 만든 원동연 박사는《해피엔딩 노년의 인생학》에서 말한다.

"자기를 귀하게 여기지 못하기 때문에 자기 장점은 물론 다른 사람의 장점도 보지 못하고, 결국 바른 인간관계를 맺지 못하는 것이다. 자신에게 장점이 없어서 자신을 귀하게 보지 못하는 것이 아니다. 자신에게 커다란 장점이 있음에도 자기를 귀하게 여기는 자존감이 없기 때문에 자신의 장점을 보지 못하는 것이다."

내 속에는 미처 주목하지 못한 눈부신 장점이 무수히 많다. 무기력하게 시간을 보내지 말고, 장점 목록을 작성하고 아침저녁으로 낭독해보라. 이렇게 하면 어느 순간 자신감 있고 낙관적인 자신과 대면하게 될 것이다.

04

살아야 할 이유를
생각하라

"내가 살아야 할 이유를 하나만 말해 봐."

영화 〈여인의 향기〉에서 시각장애인 퇴역 장교 프랭크가 집을 떠나 뉴욕까지 자신의 수발을 들러 온 가난한 학생 찰리에게 향한 말이다. 퇴역 장교는 넉넉한 부를 소유했지만, 시력을 잃어버린 후 살아갈 희망도, 의욕도 함께 잃었다.

그런 그가 찰리와 함께 뉴욕에 와서 멀쩡한 사람처럼 행동한다. 레스토랑에서 낯선 여인과 음악에 맞추어 탱고를 추고, 붉은색 페라리에 찰리를 태우고 신나게 달린다. 하지만 그것도 잠시, 그는 혼자 있게 되자 권총으로 자살을 시도한다.

그 모습을 본 찰리가 그를 제지하려 하자, 프랭크가 자신이 살아야 할 이유를 묻는다. 살아야 할 이유가 없기에 죽을 결심을 한 것이다. 이때 찰리는 의외의 대답을 한다.

"두 가지나 말할 수 있다고요. 멋지게 탱고를 추었고 또 신나게 페라리를 운전한 것이 그 이유입니다. 그것만으로 당신은 살아가야 할 충분한 이유가 있어요."

그 후 존재 이유를 깨달은 프랭크는 자살 시도를 거두고 어려운 처지에 있는 찰리를 도와주는 사람으로 변한다.

강철왕 앤드류 카네기Andrew Carnegie도 마찬가지다. 젊은 시절, 경기 불황으로 사업 실패를 맛본 그는 자살을 결심하고 맨해튼 강으로 향한다. 이때 두 다리를 잃은 사내가 그에게 연필을 사라고 다가온다. 카네기는 그에게 1달러를 주고 나서 서둘러 강으로 향한다. 그런데 그 사내가 따라와 그에게 연필을 가져가라고 말한다. 이에 그는 "이제 난 연필이 필요 없는 사람이오"라고 답하고 강으로 걸어간다. 그런데 그 사내가 포기하지 않고 카네기를 따라와서 말한다.

"연필을 가져가지 않을 거면 돈을 가져가세요."

카네기는 여유로 가득한 그 사내의 얼굴을 보고 충격을 받는다. 그러곤 속으로 되뇐다.

'과연 지금 나는 죽을 만큼 절망적인가? 최소한 나는 튼튼한 두 다리로 어디든지 뛰어갈 수 있지 않은가?'

이렇게 해서 카네기는 살아가야 할 분명한 이유를 되찾는다. 그 후 그는 미국 경제를 일으킨 주역이 되었다.

이처럼 사람의 존재 이유는 작고 사소한 것에서 찾을 수 있다. 결코 눈에 띄는 거창하고 화려한 것에만 있지 않다. 혹독한 아우슈비츠 수용소에서 살아남은 사람들의 공통점도 그렇다. 그들에게는 사랑하는 아내를 만나야 한다거나 수용소에서 쓴 글을 남겨야 한다는 등 소박한 삶의 이유가 있었다. 그랬기 때문에 처절한 죽음의 늪에서 벗어날 수 있었다.

쉽사리 한숨 섞인 목소리로 이런 말을 자주 내뱉지 않는가?

"차라리 죽고 싶어."

"죽으면 모든 게 해결이 돼."

이런 분이라면, 〈여인의 향기〉의 프랭크와 강철왕 카네기를 가슴에 되새기자. 사실 사람이 죽을 결심을 하는 이유는 죽을 만큼의 혹독한 난관과 역경을 겪고 있기 때문이 아니다. 단지 자기가 살아야 할 아주 당연한 이유를 망각하기 때문이다. 이처럼 삶이 아주 각박하고 힘들더라도 자신에게 주어진 살아가야 할 눈부신 이유를 놓치지 말자.

내 삶은 그 누구의 삶으로도 대체 불가능하며, 나의 존재 자체가 이미 살아가야 할 충분한 이유가 된다. 수백만 명, 수천만 명에 달하는 사람들 속에서 오로지 나만이 나의 향기를 발산할 수 있기 때문이다. 이때까지 그래왔듯이, 앞으로도 늘 멋지게 살아가야 한다.

독일의 철학자 프리드리히 니체Friedrich Nietzsche는 말했다.

"살아가야 할 이유가 있는 사람은 어떤 어려움도 견뎌낼 수 있다."

05

차라리
마음껏 울자

1997년 8월, 영국 다이애나 황태자비가 불의의 교통사고로 죽자 온 영국민이 슬픔에 빠졌다. 영국민은 누구라 할 것 없이 자신의 혈육이 죽은 것처럼 눈물을 흘렸다. 그러면서 고인의 죽음을 진심으로 애도했다.

이때 이상한 일이 발생했다. 영국의 유명 정신과 상담소를 찾던 우울증 환자가 절반이나 줄어들었다. 나중에 의사들이 그 이유를 밝혀냈다.

"우울증 환자들이 다이애나 황태자비의 죽음으로 실컷 울면서 카타르시스를 경험했고, 이로 인해 우울증을 해소했다."

이처럼 울음으로 치유 효과가 일어나는 것을 가리켜 '다이애나 효과'라 부른다. 실제로 의학적으로 보았을 때도 우는 행위는 스트레스 물질을 배출시킴으로써 치유 효과를 보인다. 그래서 눈물을 가리켜 '신이 인간에게 준 치유의 물'이라고 부른다.

미국 피츠버그대 연구팀은 울음이 단지 스트레스 해소에 그치는 게 아니라 위궤양과 동맥경화증, 중증 류머티즘 치료에 도움을 준다는 것을 밝혔다. 남녀 137명을 대상으로 조사한 결과, 잘 우는 사람이 위궤양에 잘 걸리지 않으며, 소리 내서 우는 사람이 심장마비에 걸릴 확률이 적고, 또 울고 난 후에 류머티즘을 악화하는 물질이 감소한다고 한다.

여기서 더 나아가 여자가 남자보다 오래 사는 이유를 여자가 잘 울기 때문이라고 보는 견해도 있다.

몇몇 여성은 울면 주변에서 나약하게 볼까 봐 두려운 나머지 울음을 참는 경우가 많다. 남자와 대등하게 경쟁해야 하는 마당에 툭하면 눈물을 보인다는 건 경쟁력에 치명타를 줄 수 있다고 여기기 때문이다. 이는 잘못된 생각이다. 여성은 원래 남성보다 본성상 잘 울게 되어 있다.

견디기 힘든 고통, 받아들이기 어려운 상황, 참을 수 없는 소외감 등으로 울음이 몰려오면, 그 감정에 충실해질 필요가 있다. 스트레스 물질인 카테콜아민을 눈물을 통해 배출해 버리고 나면, 언제 그랬냐는 듯이 개운해짐을 느낄 수 있다. 여성에게 눈물이 좋은 이유는 하나 더 있다. 후련하게 울면 혈액순환이 잘 되어 피부 미용에도 좋다.

끙끙 울음을 참으면 심리적으로나 육체적으로나 안 좋은 결과를 초래하게 될 뿐이다. 《울어야 삽니다》를 저술한 암 치료 전문의 이병욱은 요령껏 울 수 있는 방법을 알려준다. 이를 참고해 몸도 마음도 좋아지게 하는 울음을 마음껏 즐겨보자.

■ 마음껏 우는 방법 7가지

1. 무조건 울어라

    울어야 할 이유가 있어서 우는 게 아니다. 슬프거나 화가 치밀어 오르거나 스트레스가 가득 차 있을 때 덮어놓고 울자. 이때 오로지 울음에만 몰입하고 아무런 생각도 하지 말자.

2. 무차별적으로 울어라

    다소곳하게 울어야 할 이유가 없다. 소리를 참으며 울거나, 눈물을 참으며 울지 말라. 내키는 대로 가슴 치면서, 소리치면서 마구 울자.

3. 무시로 울어라

    꼭 정해진 시간과 장소에서만 울라는 법은 없다. 일정이나 타인의 시선에 아랑곳하지 말고 기회가 있을 때마다 울어보자.

4. 무수히 울어라

    울음의 횟수는 중요하지 않다. 울음이 터지면 터지는 대로 계속해서 울자.

5. 무릎을 꿇고 울어라

무릎을 꿇으면 울음의 원인을 반성할 수 있다. 타인의 탓도 있지만 자신의 탓도 있는데, 무릎을 꿇고 울면 자기반성을 잘 끌어낼 수 있다.

6. 무안을 당하더라도 울어라

사람들 앞에서 우는 걸 수치로 여기지 마라. 웃는 것처럼 우는 것도 마음껏 발산할 권리가 있는 감정이다. 울 수 있는 권리를 타인의 시선에 방해받지 말자.

7. 무엇보다 먼저 울어라

울음이 터지는 이유는 감당할 수 없는 감정의 충격이 생기기 때문이다. 가령 난관을 타개할 뾰족한 대책이 없을 때 그 충격으로 울음이 나온다. 이때 만사 제쳐놓고 우선 울고 보라. 그러고 나서 대책을 찾아도 늦지 않다.

20대 여성이여. 화, 미움, 갈등, 슬픔, 분노가 치밀어 오르는가? 그렇다면 지체하지 말고 그 즉시 마음껏 울자. 더 강해지기 위해서 울자. 터져 나오는 눈물에 얼굴이 범벅되어가면서 과거에서 해방된다. 펑펑 흘리는 눈물을 통해 새롭게 태어난다.

06

기쁨을 만끽하며
웃어라

'강의가 전혀 지루하지 않고 너무 재밌어요.'

'강사님이 개그맨 같으세요.'

강의 평가서를 받아 보면, 이런 반응을 자주 본다. 다양한 콘텐츠로 다양한 연령층을 대상으로 강의를 하지만 언제나 웃음을 잃지 않는다. 웃음 치료 강의를 할 때만 한정하지 않고, 그 누구에게 무엇을 강의하든 항상 개그맨처럼 몸짓을 크게 하고 표정도 다양하게 한다.

이렇게 강의를 하면, 수강하는 분들의 호응도와 참여도가 높다. 이와 달리 아무리 훌륭한 콘텐츠로 강의한다고 해도 전달하는 방식이 지루하면 다들 졸고 딴짓하다가 시계만 바라본다. 그래서 강의할 때마다 웃음을 강조한다.

"웃으면 밥이 나옵니다. 물론 행복은 더 커집니다."

간혹 수강생 중 몇몇은 불만스럽게 말한다.

"강사님은 잘나가시니까 웃음이 절로 나오시나 봅니다. 저희는 지금 일에 쫓겨서 매일 야근에 시달리다 보니 웃을 여유가 없습니다."

이처럼 웃을 상황과 여건이 되어야만 웃을 수 있다고 오해하는 분이 적지 않다. 절대 그렇지 않다. 누구나 언제든 마음껏 웃을 수 있는 권리와 자유를 지니고 있다.

그런데도 왜 잘 웃지 않는 걸까? 아이들은 하루에 400번이나 웃는데 어른은 고작 하루에 많아야 15번밖에 웃지 않는다. 아이와 달리 어른이 잘 웃지 못하는 이유는 머릿속에 웃음을 방해하는 과거의 기억이 있기 때문이다. 아이는 자신을 고통스럽게 하는 과거의 기억에서 자유로워서 항상 웃을 수 있는 데 반해, 어른은 분노, 울분, 갈등, 슬픔의 기억이 머릿속에서 떠나질 않으니 잘 웃을 수 없다.

그래서 잘 웃기 위해서는 과거의 기억에서 해방되어야 한다. 그러기 위한 좋은 방안으로 정목 스님의 '미용고사'가 있다.

'미안해요, 용서해요, 고마워요, 사랑해요.'

이 네 마디를 마음속으로 읊조리다 보면 기억 속의 부정적인 감정이 사라진다. 이로써 시도 때도 없이 웃음이 절로 나온다.

건강 측면에서도 웃음의 효과는 매우 크다. 15초 동안 웃기만 해도 행복감을 일으키는 엔도르핀과 엔케팔린 호르몬이 생성되는데 이 호르몬은 세균과 암세포를 물리친다. 또한, 웃음은 신진대사가 잘되게 하며 식욕을 돋운다. 웃음은 전혀 돈이 들지 않는 보약이나 마찬가지다.

특히, 웃음이 여성에게 좋은 점 3가지가 있다. 첫째, 턱 운동이 되기 때문에 얼굴에 탄력을 준다. 둘째, 복근 운동이 되기 때문에 뱃살을 빼준다. 셋째, 신진대사가 잘 되어서 피부가 몰라보게 좋아진다. 그러니 잘 웃기 위한 다음 방법에 따라 기쁨을 만끽하며 호탕하게 웃자.

■ 잘 웃기 위한 4가지 방법

1. 온몸으로 웃자

  턱으로만이 아니라 머리에서 발까지 모든 근육을 사용해 웃자. 웃음의 파장에 온몸을 맡겨보자.

2. 길게 웃자

  긴 웃음은 긴 호흡처럼 저절로 복식호흡이 된다.

3. 크게 웃자

  억지로 크게 웃을수록 웃음이 더 살아난다.

4. 여럿이 웃자

  혼자 웃는 것보다 여럿이 함께 웃으면 더 잘 웃을 수 있다.

잘 웃는 사람 주변에는 항상 사람들이 모이지만, 잘 웃지 않는 사람 주변에는 사람들이 모이지 않는다. 인생은 혼자 사는 게 아니라 사람들과 잘 어울려 살아가는 데 의미가 있다. 그러니 사람들을 불러오는 웃음을 결코 놓쳐서는 안 된다.

07

실패에서
용기를 건져라

유안진의 시 〈실패할 수 있는 용기〉다.

눈부신 아침은
하루에 두 번 오지 않습니다.
찬란한 그대 젊음도
일생에 두 번 다시 오지 않습니다.
어질머리 사랑도

놀푸른 꿈과 이상도
몸부림친 고뇌와 보석과 같은 눈물의 가슴앓이도
무수히 불 밝힌 밤을 거쳐서야 빛이 납니다.
젊음은 용기입니다.
실패를 겁내지 않는
실패도 할 수 있는 용기도
오롯 그대 젊음의 것입니다.

청춘을 대상으로 강의를 할 때면 이 시를 소개한다. 요즘 청춘은 거의 실패를 겪지 않고 대학에 입학하지만, 막상 사회로 나가려고 할 때면 쓰라린 실패를 연이어 맛보게 된다. 대학 1~2학년에 재학 중인 청춘조차 실패에 대한 두려움에 휩싸이고 있다. 그래서 그들에게 이 시를 보여주고 낭독의 시간을 갖는다. 특히 위의 시는 여성 작가가 썼기에 여성들에게 더 다가온다.

"크게 두려워하지 마세요. 걱정한다고 해결되는 건 없어요. 이 시를 읽고 젊음의 용기를 되찾아보세요."

사회 경험이 없는 청춘 여성은 살아오면서 큰 실패를 겪어본 일이 적다. 그런 그들에게 요즘의 취업 한파는 감당하기 힘든 공포로 엄습한다. 마치 인생의 낙오자가 된 듯한 기분이 들고, 삶의 의욕을 잃어버리기도 한다. 실은 기성세대들도 수많은 실패를 겪고 지금의 안정된 직장에 다니면서 단란한 가정을 꾸려가고 있다. 현재 모습만 보면 부러운 생각밖에 안 들겠지만, 기성세대들 또한 취직 좌절, 퇴출, 사업 실패, 건강 이상

등 숱한 실패를 용케 극복해 지금에 이른 것이다. 그러니 청춘 여성들도 지금의 실패 경험을 인생의 오점으로 볼 게 아니라, 앞으로 더 성장하기 위해 겪어야 할 통과의례로 생각하자.

요즘 방송계에 화젯거리인 연예인으로 이상민을 들 수 있다. 20여 년 전 이상민은 엄청나게 잘나가는 그룹 룰라의 멤버였고, 이를 기반으로 대형 음반 기획사를 차렸다. 그러다가 십여 년 후 부도가 나고 70억대에 달하는 감당할 수 없는 빚을 지고 만다. 그는 파산 신청을 하기는커녕 맨몸으로 닥치는 대로 일해서 빚을 갚기로 했다.

이런 그의 진실함에 감동한 나머지 채권자가 그에게 밥을 사주고 보약을 보낼 정도다. 방송계에서도 그의 모습을 보고 응원해주어, 현재 그는 종편, 지상파, 케이블 방송 프로그램 10여 군데에 출연하고 있다. 현재 그는 예능인 평판도 면에서 유재석을 앞질러 전체 1위다. 그는 서슴지 않고 현재 자신의 가치를 가수 때 매겨졌던 100억대의 열 배인 1,000억대라고 말한다.

70억대 빚을 졌던 그가 어떻게 해서 잘나갔던 때보다 10배 더 몸값을 올릴 수 있었을까? 그건 바로 실패에 좌절하지 않고 실패에서 용기를 끄집어냈기 때문이다. 자살의 유혹이 찾아왔지만 이겨내고 꿋꿋이 빚을 갚아나갔고, 그런 끝에 세상은 그에게 박수를 보내고 있다.

내게도 강사로서 아픈 실패 경험이 있다. 초창기에는 강의도, PPT도 어느 것 하나 잘 준비하지 못했다. 그저 시간 때울 때가 적지 않았다. 한번은 시간에 너무 쫓기는 바람에 타인의 PPT를 내 것인 양 무단 사용한 적이 있었다. 내가 한 것보다 훨씬 나은 것이었으니 강의도 신바람 나게 잘 진행했다.

그런데 수많은 수강생 중 하나가 그걸 알아챘다.

"혹시 강사님의 PPT, D 항공 교육원 자료 아닌가요?"

그 말을 듣고 순간 얼어버렸다. 그때 변명을 할 수도 있었지만 솔직해지기로 했다.

"죄송합니다. 출처를 밝히지 않은 것을 사과드립니다. 다음부터는 이런 일이 없도록 노력할게요."

나는 잘못이자 실패 앞에 정직해지기로 했다. 강사로서 처음 맛본 치욕적인 실패에 당당히 맞서는 쪽을 선택했다. 이런 일을 겪고 난 이후 나의 PPT는 놀랄 정도로 훌륭해졌다. 다른 강사들이 도용할 정도가 되었다.

지금 생각하니, 그때 실패 앞에 약해지지 않고 용기를 냈던 게 강사 생활의 전환점을 만들어줬다고 본다. 그때 내게 지적을 해준 이에게 고마움을 느끼고 있다.

'무지개는 비 온 뒤에 뜬다'라는 말이 있다. 지금의 실패에 주저앉지 않고, 무지개를 맞이하기 위해서는 어떻게 하면 좋을까? 다음 3가지에 주목하자.

1. 실패의 원인을 냉정히 분석하자.
2. 실패에 적절히 대응하자.
3. 실패를 극복하기 위해 실천을 하자.

3할대의 유명 프로야구 타자도 알고 보면 70%의 공에서는 실패를 하는 셈이다. 숱한 좌절, 실패로 사회적 낙오자라 낙인 찍혔던 신세에서 연 매출 3,000만 달러의 인력 계발 회사 대표가 된 성공학의 아버지 브라이언 트레이시Brian Tracy는 말했다.

"나는 성공하기 전에 내 인생의 모든 단계에서 실패하고 또 실패했다."

08

버킷리스트를
작성하라

"저는 꿈이 없어요. 하고 싶은 게 전혀 없어요."

심한 우울증에 걸린 20대 중반 여성이 한 말이다. 우울증에 걸려서 꿈이 실종된 걸까? 아니면 꿈이 실종되어서 우울증에 걸렸을까? 후자일 가능성이 높다. 그녀와 대화를 해보니, 그녀는 원래 선생님이 되려는 꿈이 있었는데 여러 차례 임용 시험에 낙방한 후 꿈을 잃어버렸음을 알 수 있었다. 더는 선생님이 될 희망이 없어지자 심한 우울증이 도졌다.

단테Alighieri Dante의 《신곡》을 보면, 지옥 입구에 이런 글귀가 쓰였다.

'여기 온 사람은 희망을 버려라.'

미래에 대한 꿈을 상실한 그녀에게 현실은 지옥이나 다름없었다. 하지만 그녀는 끝끝내 꿈을 포기하지 말아야 한다. 꿈은 하나가 아니라 크고 작은 여러 개가 있을 수 있다. 어느 하나를 놓치더라도 다른 꿈을 이룰 수 있다. 시간이 더디 걸리더라도 꿈을 이룰 기회는 반드시 찾아온다.

어느새 강사로 활약한 지 16년이 넘었다. 16년 전 강사로 첫발을 디딜 무렵, 아무도 나의 미래를 긍정적으로 보지 않았다. 키도 작고 외모도 평범하고 학벌도 그저 그런 데다 결정적으로 가정주부여서 주변 사람들은 냉소적인 반응을 보였다.

"다른 일을 알아보는 게 좋지 않을까요?"

"난다 긴다 하는 분도 1년 안에 나가떨어지는 게 프로 강사의 세계입니다. 대체 뭘 믿고 프로 강사로 나서겠단 말이죠?"

겉으로 내색하지는 않았지만 자신감이 있었다. 말 잘하기로는 둘째 가라면 서러울 정도로 인정을 받아온 터라 열심히 하면 프로 강사가 될 수 있다는 생각을 품었다. 고등학교 시절에는 친구들 사이에서 말을 조리 있게 해서 인기가 많았다. 군에 있을 때도 아무런 준비 없이 나간 웅변대회에서 큰 주목을 받았는데, 조금만 준비했더라면 입상할 수 있을 정도였다. 하지만 내 속의 잠재력이 온전히 표출되었다고 보기에는 아직 이르다고 생각했다.

강사로 첫 등단을 했을 때는 하고 싶은 게 많았다. 당시 지방 강의를 끝내고 돌아와 밤 산책을 하면서 버킷리스트 10가지를 작성했다. 단번에 만든 건 아니고 여러 차례 수정하고 보태서 일주일 만에 완성했다.

1. 스타 강사
2. 가족 건강
3. 교육원 짓기
4. 효도
5. 책 출간
6. 모교 강의(초·중·고)
7. 교수(폴리텍 교수)
8. 부모에게 웃음 치료
9. 아침 방송 출연
10. 강사 500명 배출

이후 이 버킷리스트 10가지는 언제나 내 가슴에서 촛불처럼 타올랐다. 한시도 내 마음에서 떠난 적이 없다. 당시 어찌나 흥분되었던지, 그 감정에 도취된 나머지 버킷리스트 아홉 번째가 실제로 일어난 것처럼 연기를 했다. 아침 방송 프로그램의 사회자가 나에게 질문을 던지는 장면을 상상하고, 그 질문에 나는 이러 저래 해서 지금의 위치에 오르게 되었노라 또박또박 말을 했다. 혼자 걸어가면서 말이다. 이렇게 하니까 꿈이 더 생생해지는 듯한 느낌을 받았다. 당장 내일, 아니 몇 달 후에 방송 프로에 나가게 되는 것처럼 가슴이 뛰었다.

이렇게 해서 지금은 버킷리스트 중 아홉 가지를 이루어냈다. 세 번째 것은 많은 시간과 경비가 소요되는 일인데, 그것도 앞으로 틀림없이 이루어질 것이라 확신한다. 이렇듯, 주변에서 가능성 없는 강사로 낙인찍혔던 내가 지금의 위치에 오를 수 있었던 건 순전히 이 버킷리스트 10가지 때문이다. 간절한 10가지 꿈이 지방 출신인 무명 강사를 그대로 내버려 두지 않은 것이다.

청춘 여성들도 간절한 꿈의 목록을 작성하자. 여대생이라면 장학금 받기, 해외여행, 아르바이트, 다이어트, 캠퍼스 커플 등 소박한 것부터 차근차근 만들 수 있다. 이러한 버킷리스트는 내가 누구인지를 잘 알게 해주며, 삶의 방향을 선명하게 설정해주고 삶의 만족도와 행복감을 높여준다. 그런데도 '꿈꿀 수 없는 현실인데 어쩌라고요? 헬조선이잖아요', '우리 청춘은 저주받았어요'라고 말한다면 잘못이다.

지옥이기 때문에 꿈을 꿀 수 없는 게 아니라 꿈을 잃어버렸을 때가 지옥이기 때문이다.

09

내 존재만으로
벅차해라

"삶이 따분하고 지루하고 도통 생동감이 없어요. 재방송 드라마가 이어지는 것 같아요."

모 미대 대학원에 재학 중인 어느 여성이 말했다. 그녀는 집안 형편이 넉넉한 편이라서 한 번도 아르바이트를 한 적이 없다. 대학 때부터 대학원까지 집에서 부쳐주는 돈으로 생활해오고 있다. 그녀는 딱히 회사 생활을 할 마음이 없어서 대학원에 진학했다.

과제도 대충하고 수업도 종종 빼먹기 일쑤였다. 친구들 얼굴 보러 가는 목적으로 학교에 간다고 해도 과언이 아니었다. 그런데 이것도 시들시들해져 갔다.

그녀에게 내 이야기를 해주었다. 내가 여군 출신이라 하면 다들 체력이 튼튼할 줄로 안다. 실은 그렇지 않다. 내가 여군에 자원입대한 이유는 순전히 경제적 자립을 위해서였다. 막상 입대해 보니, 감당하기 힘든 훈련 때문에 정말 힘들었다. 동료 여군의 평균치 체력에 미달했기 때문이다.

함께 훈련하는 동료 여군들에게 피해가 되지 않을까 염려할 정도였다. 그렇지만 이상하게도 고된 훈련을 마쳤을 때의 성취감, 뿌듯함은 잊을 수 없었다. 여성으로서 몸을 부대끼는 일을 통해 얻기 힘든 체험이었다. 이 때문에 속으로 매번 다짐했다.

'훈련을 이겨내자. 할 수 있다!'

이렇게 해서 여군 학교에서 생활한 지 6개월이 지났고, 나는 당당한 여군이 다 된 것이다. 이때 부모님과 면회 시간이 주어졌다. 나는 설레는 마음으로 부모님을 만났는데, 순간적으로 눈물이 나왔다. 이와 함께 가슴이 벅차올랐다. 숱한 어려움을 극복하고 보란 듯이 부모님 앞에 설 수 있었기 때문이다. 이때 느낀 나 자신이라는 존재에 대한 가슴 벅참을 잊을 수 없다.

그런 경험이 있었기에 누구보다 더 성실하게 군 생활을 해나갈 수 있었다. 이런 내 이야기를 다 마친 후 이렇게 조언해주었다.

"삶이 무미건조하다고 생각된다면 꼭 가슴 벅찬 경험을 해보길 권합니다. 남자 친구와의 관계에서도 권태기가 찾아오기 마련인데, 권태기를 회피하려면 어떻게 하면 될까요? 서로 신선한 자극을 멈추지 말아야 합니다. 그래야 연애 초기의 설렘, 가슴 벅참이 끊이지 않죠."

어제가 엊그제와 같고, 어제 같은 오늘이 매일 이어진다고 느껴져서 삶의 활기를 잃었다면 어떻게 해야 좋을까? 자기 자신을 연인 대하듯, 자신에게 신선한 자극을 주면 된다. 정작 타인에게는 많은 에너지를 쏟으면서도 자기 자신을 소홀히 할 때 권태가 찾아온다. 내 존재의 벅참을 느낄 수 있는 자극 3가지를 소개한다.

1. 힘든 육체적 운동을 하자

등산가들이 죽음을 무릅쓰고 계속해서 산 정상에 오르는 이유는 뭘까? 그건 바로 정상을 정복했을 때 맛보는 성취감, 곧 해냈다는 가슴 벅참 때문이다. 많은 사람이 마라톤에 열광하는 것도 결승선을 통과했을 때 맛보는 가슴 벅참 때문이다. 특히, 지구력을 이용한 운동을 계속하면 정신 건강에 좋은 엔도르핀이 펑펑 쏟아진다.

2. 버거운 과제를 맡아보자

쉬운 일과 과제만 하다 보면 삶이 더욱 지루하게 느껴진다. 그러나 자신이 감당하기 벅찬 과제를 맡게 되면 권태감이 끼어들 틈새가 사라진다. 학교 과제, 직장 프로젝트, 공부량 등을 30% 높게 잡아보자. 이것을 성취했을 때 자신에 대한 가슴 벅참이 몰려온다.

3. 고요히 촛불을 바라보자

영적 구루 오쇼 라즈니쉬Osho Rajneesh는 촛불을 바라보면 내면의 많은 것이 촛불 속에서 변하는 걸 느낄 수 있다고 말했다. 촛불을 응시함으로써 내면의 문제가 해결되고, 또한 세포 속에 숨어 있던 에너지가 솟구치는 걸 경험할 수 있다. 숨 고르며 촛불을 바라보는 동안 내 존재의 가슴 벅참에 눈물이 나온다.

기적적인 일을 접하면 누구나 가슴 벅찬 감동을 느낀다. 하반신 마비 여성 마라토너가 완주에 성공할 때, 여성 고졸자가 대기업 임원이 되었을 때, 주부의 몸으로 창업해 세계적인 기업으로 우뚝 일으켜 세웠을 때 그렇다. 사실, 가슴 벅찬 기적 중 제일 큰 기적은 나 자신이다. 틱낫한 Thich Nhat Hanh 스님은 말한다.

"살아 있는 지금 이 순간이 기적이다."

10

부모님을
용서하라

"부모님이 원망스러워요."

20대 중반 직장 초년생이 한 말이다. 그녀는 겉으로는 사회생활을 그 럭저럭 잘했지만 마음속에는 말 못할 상처가 있었다. 그녀에게는 오빠 하나가 있었는데 맞벌이를 하던 부모님은 오빠에 대한 애정이 유별났 다. 늘 밤늦게 귀가하는 부모님은 오빠만큼은 좋은 옷, 맛있는 음식을 잘해줬다. 학교에 다닐 때는 비싼 과외도 척척 해주었다. 오빠는 부모님 의 사랑을 독차지했다.

이에 비해 그녀는 늘 뒷전이었다. 오빠를 먼저 챙기고 난 다음이 자기 차례였다. 그것도 마음의 여유가 있을 때만 그랬고, 그렇지 않으면 잊히기 일쑤였다. 그래서 오빠에게 박탈감을 느꼈고, 부모님에게 홀대를 받았다는 상처를 입었다. 자라면서 상처가 아물지 않은 탓에 결국 남성 기피증이 생겨서 이성 교제가 잘 되지 않았다.

그녀에게 공감해서 내 마음을 전해주었다.

"저를 보는 듯하군요. 저도 그랬답니다."

3남 2녀의 가부장적인 집안에서 여자로 태어난 나는 늘 홀대받았다. '여자가 공부를 해서 뭐 하나', '집안일은 여자가 맡아서 해야지', '여자는 고등학교만 마치고 시집이나 가야 해' 늘 이런 소리를 들어야 했다. 그래서 좋은 옷, 맛있는 음식은 늘 오빠들 차지였다. 또한, 오빠들은 대학교 다닐 때도 집에서 생활비를 보냈지만, 난 여자라는 이유로 혼자 해결해야 했다.

그래서 스무 살 전까지만 해도 부모님이 원망스러웠다. 부모를 잘못 만난 것 같아서 속으로 울분을 삭였다. 그런데 대학 시절 아르바이트를 10여 개 하면서 학비와 생활비를 벌 때 상황은 달라졌다. 가난한 부모님이 자식을 위해 고생하는 게 눈에 선했다. 설령 딸은 아들만큼 잘 챙겨주지 않았다 해도, 부모님에게는 모두 똑같은 자식이었다. 부모님 세대에 깔린 잘못된 남녀 차별 의식이 잘못이라면 잘못이지, 부모님에게는 절대 잘못이 없다는 생각이 들었다.

이때 비로소 부모님을 용서할 수 있었다. 막일로 거칠어진 아버지의 손과 늘 몸이 아픈 어머니의 얼굴을 떠올리니 눈물이 났다. 나에게 상처를 준 부모님을 진심으로 용서함으로써 내 과거와 화해할 수 있었다. 홀가분한 기분이 들었다.

이런 이야기를 들려주면서 조언을 했다.

"부모님을 용서하는 길밖에 없어요. 그래야 트라우마에서 벗어날 수 있답니다. 부모님이 그럴 수밖에 없었던 처지를 이해하고, 또한 앞으로 나도 그런 부모님이 될 수 있다는 걸 인정하셔야 해요. 그러면 저절로 부모님을 용서하게 됩니다."

트라우마와 상처는 대부분 가정에서 생기는 경우가 많다. 특히 부모님과 맺은 좋지 않은 관계로 인해 싹튼다. 이런 트라우마는 마음의 병을 앓게 하는데 심하면 인간관계를 제대로 할 수 없게 한다. 해결책은 진심으로 부모님을 용서하는 길뿐이다. 이로써 상처가 온전히 치유된다.

용서는 결국 나 자신을 위한 것이며, 용서하지 않으면 나도 용서받을 수 없다. 용서는 그 무엇으로도 바꿀 수 없다.《부모를 용서하기 나를 용서하기》의 지은이 데이비드 스툽David Stoop은 '용서의 6단계'를 다음과 같이 말했다.

■ **데이비드 스툽의 용서의 6단계**

1단계 손상 인식하기

자기의 내상을 솔직히 인정하자. 그걸 회피하거나 부정하는 건 좋지 않다.

2단계 연관된 감정 파악하기

상처로 인한 수치심, 열등감, 대인 기피증, 분노 등 여러 감정을 하나하나 잘 파악하자. 이를 계기로 부정적인 감정을 모두 지워 낼 수 있는 대책을 세울 수 있다.

3단계 상처와 분노 표현하기

상처를 자꾸 숨기려 들수록 상처가 덧나고 곪아 터진다. 그러니 상처와 분노를 말과 글로 표출하자.

4단계 자신을 보호하기 위해 경계선 긋기

부모님 말씀에 따르되, 그 영향에 종속되어서는 안 된다. 부모님의 간섭에서 벗어날 수 있도록 해야 한다.

5단계 빚 청산하기

이 단계에 이르면 부모님에 대한 용서가 빚으로 다가온다. 부모님에게 편지를 써서 용서한다고 고백하자. 일일이 상처받은 목록을 쓰고 온전히 청산되었음을 밝히자.

6단계 화해 가능성 고려하기

용서에서 그치는 게 아니라 화해로 승화하자. 용서는 혼자 하는 것이지만 화해는 둘이 하는 것이다.

4장

자존감을 높이는
현명한 선택
:
내면 성찰

01

마더 테레사 효과를
맛보라

"우리에게는 불쌍하고 힘없는 아이들의 생명을 지켜줘야 할 책임이 있습니다. 그리고 그 아이들이 행복해질 때 우리의 삶 역시 진정한 행복을 누릴 거예요."

국내외 봉사활동을 활발히 하고 있는 탤런트 김혜자의 말이다. 그녀가 헌신적으로 봉사를 해야 할 필요성을 느낀 건 아프리카 아이들을 만나면서부터다. 자신의 봉사로 수많은 어린아이의 생명을 살릴 수 있음을 체험했다. 이때, 봉사와 나눔은 주는 데 그치는 게 아니라 자신의 삶을 바꾸어 진정한 행복을 얻을 수 있음을 깨달았다.

　김혜자 만큼은 아니지만 나도 틈틈이 나누고 봉사를 해오고 있다. 20대 때 충북 음성 꽃동네에 찾아가 봉사를 했다. 아무도 자신을 찾아오지 않는 노인들은 그야말로 외로움과 소외감으로 가득했다. 그분들에게 간단한 먹을거리를 드리고, 말벗이 되어드렸다. 처음엔 도움을 드려야겠다는 생각으로 갔지만, 돌아오는 길에는 내가 얻은 게 더 많았다.

　그때 내 앞날도 불투명했던 터라, 초조하고 스트레스가 많았다. 그런데 토막 시간을 내어 노인들에게 봉사를 하자 나도 모르게 마음이 편안해졌다. 가슴에서 따뜻한 온기가 피어나서 온몸으로 번져갔다. 그리고 행복감을 느꼈다.

　이런 계기로 지금도 자그마한 봉사를 꾸준히 해오고 있다. 보육원에 있는 세 살배기 아이 세 명의 후원자가 되어 돌봐주고 있다. 시간이 날 때마다 아이들에게 맛있는 것들을 싸 들고 찾아간다. 사실, 늘 시간에 쫓겨 사는 처지이기 때문에 보육원에 찾아갈 시간적 여유가 그리 많지 않다. 하지만 피로에 지친 몸으로라도 마음먹고 보육원에 찾아가면, 뜻밖의 힘을 얻게 된다.

　아이들이 너나 할 것 없이 안기고, 볼을 비비며 다가온다. 다들 내 자식 같은 기분이 든다. 안 본 사이 쑥쑥 자란 아이들을 보고 있노라면, 자연스레 행복감에 젖어 들게 된다.

　이 감정은 강사로 인정받았을 때 느낀 감정과는 그 가치를 비교할 수 없다. 강사로서 느끼는 특별한 자부심, 성취감과 행복감이 분명히 있다. 이건 순전히 내가 나를 위해 에너지를 쏟아부은 결과로 얻어진 거다. 그런데 아이들에게서 얻는 행복감은 아이들을 위했기 때문에 얻은 거다. 그래서 더욱 값지게 느껴진다.

요즘은 일부러 축 처지거나, 번민이 많을 때 보육원을 찾아간다. 나를 필요로 하는 아이들을 만나기 위해서지만, 더 나아가서는 이를 통해 행복한 감정을 얻기 위해서다. 이 행복감은 언제나 나에게 활력을 되찾아준다. 이로써 다시금 '할 수 있다', '반드시 해야 해'라는 생각을 하게 된다.

'마더 테레사 효과'라는 것이 있다. 남을 돕는 행위를 통해 정신적, 육체적으로 생기는 긍정적인 변화를 말한다. 1998년 하버드 의과대학 연구팀은 테레사 수녀처럼 남을 위해 봉사를 하거나, 헌신적인 선행을 책이나 TV, 드라마, 영화로 간접적으로 접할 때 인체의 면역 기능이 향상된다는 것을 밝혀냈다. 흔히 '슈바이처 효과'라고도 한다.

실제로 어려운 처지에 있는 사람들을 도우면 심리적 포만감, 즉 '헬퍼스 하이Helper's High'가 생긴다. 뿌듯함, 행복함이 며칠 혹은 몇 주 동안 지속된다. 이로써 혈압과 콜레스테롤 수치가 내려갈 뿐만 아니라 엔도르핀이 평소보다 3배나 많이 분비된다.

이와 더불어 영국 BBC 방송에 따르면, 자원봉사를 하는 사람은 마치 월급이 두 배 늘어난 것처럼 행복해지며, 수명도 더 길어진다고 한다.

독일 사회경제조사위원회의 설문조사도 마찬가지 결과를 보여준다.

"사회적으로 인정받기 위해 하는 봉사도 만족을 주지만, 순전히 타인을 위한 동기에서 하는 봉사의 만족도가 더 높다는 것이 명백하게 나타났다."

삶이 쓸쓸하고 팍팍한가? 의욕이 없고 패기가 사라지는가? 그렇다면 더는 자신의 방에 웅크리고 있지 말고 작은 것부터 봉사 활동을 시작해 보자. 사람들에게 봉사하기가 어렵다면, 떠돌아다니는 불쌍한 길고양이에게 밥을 주는 것도 좋다. 이렇게 선행을 베풀다 보면 행복감으로 충만한 자신을 발견할 수 있을 것이다.

02

심플하게
살라

저장 강박증에 걸린 20대 초반의 여성이 있었다. 자취를 하는 그녀의 방은 온갖 물건으로 뒤죽박죽이었다. 마룻바닥에는 오래된 영수증, 종이 가방이 널려 있고, 냉장고에는 반찬과 채소가 썩은 채로 보관되어 있었으며, 옷장은 치수가 안 맞는 옷들로 미어터졌다.

그녀는 어느 물건 하나 쉽사리 버리지 못했다. 물건을 버리는 건 마치 자신의 정체성을 훼손하는 일만 같았다. 아무리 쓸모없는 물건이라도 방에 잘 보관되어 있어야만 마음이 안정되었다.

이 여성이 과도하게 물건에 집착하는 건 단순한 물건 수집과 거리가 있다. 이 여성은 성장기 때 생긴 애정 결핍 때문에 함부로 물건을 버리지 못하고 그대로 보관하는 일에 강박증이 생긴 것이다. 이 여성은 삶에서 행복을 잃어버렸다.

이 여성의 예는 극단적인 경우다. 이 시대 청춘 여성 중에도 바쁘다는 핑계로, 편하다는 핑계로, 절약한다는 핑계로 불필요한 물건이 뒤죽박죽된 집에서 생활하는 사람이 있지 않은가? 화장대, 옷장, 냉장고, 주방, 현관 바닥에 무질서하게 물건들이 널려 있지 않은가? 또한, 불필요하게 많은 고가의 명품 핸드백, 옷, 구두를 가지고 있지 않은가? 그렇게 불필요한 물건들로 생활 공간을 빼앗기면 몸과 마음마저 혼란스러울 수 있다. 이렇게 되면 일상 속의 행복을 맛볼 수 없다.

평생 무소유를 실천하며 살았던 법정 스님은 필요한 것과 필요하지 않을 것을 구분해서 분수에 맞게 살라고 한다. 불필요한 것을 많이 가지려 할수록 행복과 거리가 멀어진다는 것이다.

"행복의 비결은 우선 자기 자신에게서 불필요한 것을 제거하는 일에 있다."

무소유를 강조하는 게 아니라 꼭 필요한 것만 소유하라는 말이다. 그래야 마음의 평정을 얻을 수 있고 그로 인해 행복해질 수 있다.

《심플하게 산다》의 지은이 도미니크 로로Dominique Loreau도 말한다.

"우리는 공간을 채우느라 공간을 잃는다. 거실을 인테리어 잡지에서 본 대로 꾸미느라 에너지를 잃고, 물건을 정리하고 치우고 찾느라 시간을 잃는다. 추억 때문에 버릴 수 없다고? 추억이 우리를 정말 행복하게 해줄까? 지금보다 더 많이?"

쓸데없이 갖가지 물건으로 방을 채우는 순간 공간과 마음의 여유를 잃게 된다. 물건 하나라도 더 방에 채우고 축적하는 것을 미덕으로 생각했다면 그건 오해다. 필요하지 않은 물건이 방에 채워진다는 건 마치 불필요한 지방이 생겨서 비만이 되는 것과 같다. 건강을 위해선 날씬한 몸이 바람직하듯이 물건도 날씬하게 정리해야 하지 않을까?

정리해야 할 것은 물건만이 아니다. 마음과 몸, 인간관계도 뒤죽박죽이 되는 경우가 있다. 물건, 마음, 몸, 인간관계에 쓸데없이 집착하는 데서 벗어나 심플해져야 행복을 맛볼 수 있다. 히말라야 산기슭의 부탄은 대부분 국민이 행복을 느끼며 산다고 한다. 그 비결은 4S, 즉 '느리게 Slow', '미소Smile', '작게Small', '단순하게Simple'다. 그렇다면 물건, 마음, 몸, 인간관계를 심플하게 하는 4가지 방법을 알아보자.

■ 삶을 단순하게 하는 4가지 방법

1. 불필요한 물건 줄이기

사용이 목적이 아니라 축적이 목적이 된 물건들이 있다. 그런 물건들은 생활공간과 마음의 여유를 빼앗는다. 물건에 대한 집착을 버리는 연습을 하자.

2. 마음의 잡념 줄이기

걱정스러운 일, 화나는 일 등으로 늘 머리가 복잡한 사람이 있다. 마음이 정리되지 않으면 일과 생활에 잘 집중할 수 없다. 마음을 늘 평정한 상태로 만들어보자.

3. 군살 줄이기

비만이 되는 이유는 음식에 대한 집착 때문이다. 시도 때도 없이 먹어야 하고, 또 거나하게 먹어야 직성이 풀리는 건 정상이 아니다. 방을 산뜻하게 정리해야 좋듯, 몸도 심플하게 정리하는 게 필요하다.

4. 많은 인간관계 줄이기

과도하게 많은 오프라인과 SNS의 인간관계는 피로를 몰고 온다. 늘 신경이 쓰이기에 일상생활에 방해가 되기도 한다. 꼭 필요한 사람들과 긴밀하게 교류하는 인간관계를 맺자.

03

틈틈이 복식호흡을
하라

"천천히 배로 숨을 쉬면 편안해질 거예요."

모 새내기 여 강사는 하는 일이 안 풀려서 걱정이 이만저만 아니었다. 잠도 제대로 못 잤고 늘 스트레스에 시달렸다. 동료 강사들은 유치원, 중고등학교, 대학교, 기관, 기업 등 여러 곳에서 호출을 받아 바쁘게 보내고 있었지만, 그녀에게는 오라는 곳이 하나도 없었다.

내 앞에 앉은 그녀는 안절부절못했다. 스마트폰에 눈을 두었다가 이내 주변을 두리번거리면서 푹푹 한숨을 내쉬었다. 그녀는 지나친 긴장을 풀어낼 필요가 있었다.

그래서 복식호흡을 해보라고 했다.

"10분 정도 해봐요. 분명히 효과가 있답니다."

이 복식호흡은 매우 간단해 보여도 상당히 효과가 높다. 더욱이 별도의 장소나 많은 시간이 요구되지 않는다. 언제 어디서나 눈을 감고 앉은 채로 배로 호흡을 하면 된다. 실제로 나도 많은 도움을 받았다. 강의 전이나 후에 5~10분 정도 하고 나면 몸의 긴장이 스르르 풀린다. 이와 함께 머릿속에 가득했던 걱정, 분노, 초조, 슬픔이 물거품처럼 사라진다.

10여 분 지나고 나서 그녀가 눈을 떴다. 그녀의 눈을 바라보니, 아까와 달리 평온을 되찾은 듯했다. 안정되게 호흡을 하면서 편안한 표정으로 나를 바라보았다. 마치 몇 시간 동안 꿀잠을 자고 난 듯했다.

"소장님, 참 편하네요. 마음이 산만하고 초조했는데 복식호흡을 하니까 마음이 안정되네요. 이게 이렇게 좋은 효과를 낼 줄 몰랐어요."

배로 잠깐 숨 쉰다고 해서 과연 심신 이완에 얼마나 도움이 되는지 의구심을 품을지도 모르겠다. 한 예로, 여성들이 출산 시 겪는 고통은 매우 심한데 이를 완화하는 데 복식호흡이 도움이 된다. 이는 프랑스 의사 라마즈 박사가 입증한 것으로 그의 이름을 따 '라마즈 호흡법'이라고 한다. 이처럼 복식호흡은 여러모로 건강에 도움을 주는데, 심신불안, 공황장애, 불면증, 긴장성 두통, 우울증, 고혈압, 혈관 질환 등에 좋은 효과가 있다.

미국의 애리조나대학 의학교수 앤드루 웨일Andrew Thomas Weil이 불면증 환자를 위해 개발한 '4-7-8 호흡법'도 복식호흡이다.

《디톡스 다이어트》를 지은 한의사 김소형은 말한다.

"복식호흡을 하면 몸속에 많은 산소가 들어가고, 많은 양의 탄산가스가 배출되며, 장을 자극해서 소화를 돕는다. 또한, 혈압이 낮아지고 심장박동이 안정되며, 감정이 차분하게 가라앉는 효과가 있다."

복식호흡을 하는 법은 의외로 간단하다. 가능하면 조용한 공간에서, 편한 복장을 하고 또 몸을 옥죄는 벨트를 느슨하게 한 채, 다음 4가지 요령을 따라 하면 된다. 숨을 마시는 시간보다 내뱉는 시간이 긴 것에 유의하자.

1. 바른 자세로 앉는다.
2. 턱을 당기고 입을 가볍게 다물어준다.
3. 약 3초간 코로 천천히 공기를 들이마시며 배꼽까지 밀어 넣어준다.
4. 약 6초간 천천히 공기를 입으로 내뱉어준다.

누구나 일이 잘 안 풀리면 초조하고 화가 난다. 이 상태를 그대로 내버려 둔다면, 굴러들어온 기회도 놓치고 만다. 흥분한 축구 선수가 과도한 동작으로 공을 차는 바람에 골인의 기회를 놓쳐버리듯이 말이다. 그러니 우선 복식호흡을 통해 심신을 이완하는 습관을 갖자. 이렇게 할 때, 단 한 번의 기회를 잘 살려 골인에 성공할 수 있다.

04

누군가에게
감사 편지를 쓰라

"누군가에게 감사할 때 우울함과 불행을 극복할 수 있습니다."

'긍정의 심리학'을 창시한 마틴 셀리그먼Martin Seligman의 말이다. 그는 감사 편지 쓰기가 무기력에서 벗어날 수 있는 행복 훈련법이라고 한다. 사람들이 행복하지 않은 건 다른 이유에서가 아니라 곧 학습된 무기력 때문이라고 하면서 꾸준한 훈련을 통해 행복에 이를 수 있다는 것이다.

마틴 셀리그먼은 흥미로운 실험을 진행했다. 1번 우리와 2번 우리에

각각 개를 넣고 전기 충격을 64회 줬다. 1번 우리에는 개가 누르면 전기 충격이 멈추는 패널이 있었고, 2번 우리에는 패널이 없었다. 이것에 적응된 개를 꺼내 똑같은 조건의 C 우리에 넣었다. C 우리 속에는 가운데에 칸막이가 있었는데, 한쪽에는 전기가 흐르고 그 반대쪽에는 전기가 흐르지 않았다. 곧이어 우리 안에 전기 충격을 주었다. 우리 속에 들어간 두 마리 개는 어떤 반응을 보였을까?

1번 우리에 있었던 개는 전기 충격을 받자마자 칸막이 너머 쪽으로 움직였다. 이에 비해 2번 우리에 있었던 개는 낑낑거리며 전기 충격을 받았고 전혀 움직일 시도를 하지 않았다. 2번 우리의 개는 바로 무기력에 학습된 거다. 여러 차례에 걸쳐, 안 좋은 환경을 극복할 시도를 전혀 하지 않는 습관이 든 것이다. 이 개의 운명은 비극적이다.

사람들도 마찬가지다. 어려서부터 자신이 맞닥뜨린 고난, 역경, 위험에 대처해 적극적으로 행동함으로써 극복하는 사람이 있지만, 무기력하게 그대로 주저앉아버리는 사람이 있다. 이 둘의 차이는 대단하다. 전자는 더 많은 행복을 누리며 살아가지만, 후자는 불행한 삶을 이어간다.

마틴 셀리그먼은 바이올린 연주와 자전거 타기처럼 꾸준히 훈련을 하면 행복을 얻을 수 있다고 하는데, 그 훈련법 가운데 하나가 감사 편지 쓰기다. 또 다른 연구 결과가 있다. 미국의 켄트 스테이트 대학의 가족소비자학과 스티븐 토퍼Stephen Topper 박사는 6주간 학생들에게 감사 편지를 쓰게 했다. 그러자 상당수 학생이 행복감을 느껴서 75%가 계속 감사 편지를 쓰고 싶다는 반응을 보였다.

대학생 때부터 공무원 시험에 연이어 다섯 번 떨어진 여성이 있었다.

20대 중반인 그녀는 패배주의와 무기력에 사로잡혔다. 손가락 하나 까닥하는 게 귀찮을 정도로 집안에 틀어박혀 먹고 자는 일만 반복했다. 대학 1학년 때의 열정은 온데간데없이 사라지고 말았다.

그녀는 취업 준비생을 대상으로 한 힐링 특강에 찾아와 나와 대화를 나누게 되었다. 그녀가 이곳에 오게 된 건 부모님의 간곡한 부탁 때문이었다. 부모님은 그녀에게 새로운 활력을 불어넣고 싶어서 그녀를 이곳에 보냈다.

그녀와 몇 마디 대화를 나누어보았는데, 대화가 잘 되지 않았다. 그녀는 빨리 집으로 돌아가고 싶은 마음뿐인 듯했다. 내내 대화가 성가신 듯한 그녀에게 말했다.

"어떤 분은 열 번 시험에 도전해 합격한 경우도 있어요. 저만 해도 지금 내가 원하던 대학원에 재학 중이지만 20여 년 전만 해도 남들이 알아주지 않는 대학 출신에 미래가 불분명한 여학생이었어요. 꿈이 있었기에 끊임없이 도전해서 지금 자리에 서게 되었죠. 내가 프로 강사가 된 것도 마찬가지예요. 매번 난관이 찾아왔지만, 그것에 주저앉지 않고 앞으로 또 앞으로 나아갔어요. 그런 끝에 지금의 내가 있게 된 거죠. 도전을 시도할 긍정적 자세가 필요합니다."

그러고 나서 제안을 했다.

"우리 약속 하나 해요. 간단한 숙제를 낼 테니 한 달 뒤에 메일을 보내주세요."

그녀에게 내준 숙제가 감사 편지 쓰기였다. 그녀는 퉁명스러운 반응을 보였지만, 못 이기는 듯 약속을 지키겠노라 했다. 그러고 나서 한 달이 지났다. 그녀가 내게 메일을 보내왔다.

"정말 감사합니다. 지금 행복감에 사로잡혀 있어요. 어떻게 이런 행복을 맛보게 되었는지 상상도 할 수 없군요. 소장님이 내준 감사 편지 쓰기를 시작하면서 조금씩 변화되었어요. 처음엔 쓰기가 버거웠지만, 며칠 지나자 나도 모르게 감사 편지를 쓰고 있었어요. 부모님, 선생님, 지인에게 입은 감사함을 낱낱이 적어나가자 눈물이 넘쳐흘렀습니다. 정말 감사하고 행복해요."

이로부터 그 여성은 다시 열정적으로 공무원 시험 준비에 매달리게 되었다. 그녀는 행복을 되찾음으로써 미래에 대한 낙관주의자로 변했다. '열심히 하면 된다', '될 때까지 해야 해' 이런 긍정적인 사고방식이 싹튼 것이다. 여성은 본래 편지 쓰기에 익숙하다. 어릴 때부터 이런저런 편지를 써왔던 자신을 기억하고, 누군가에게 감사함을 듬뿍 담은 편지를 써보길 바란다.

20대의 빛나는 청춘을 위해.

05

영적 스승의 책을
읽어라

"자아의 신화를 이루어내는 것이야말로 이 세상 모든 사람에게 부과된 유일한 의무지. 자네가 무언가를 간절히 원할 때 온 우주는 자네의 소망이 실현되도록 도와준다네."

파울로 코엘료Paulo Coelho의 《연금술사》에 나오는 말이다. 양치기 청년 산티아고는 꿈에 나타난 보물을 찾고자 이집트로 향한다. 천신만고 끝에 피라미드에 도착하지만 보물을 얻지 못한다. 이때 그에게 깨달음이 찾아온다. 보물은 다른 곳이 아닌 자신이 머물던 낡은 교회에 있음을 알아차린다.

보물은 곧 자아의 신화이자 비전의 비유다. 그런데 그 보물은 다른 곳이 아닌 바로 지금, 여기에 있다고 하는 게 이 책의 메시지다. 단, '간절히 원할 때'라는 조건이 붙어 있다. 이는 동화 〈파랑새〉와도 비슷하다.

파울로 코엘료는 유네스코 산하의 '영적 집중과 상호 문화 교류' 프로그램의 특별 자문 위원을 맡고 있다. 이만큼 그는 영적 세계와 삶에 많은 관심이 있다. 그는 추상적이고 어려운 인간의 영적인 삶을 쉽게 소설로 그려내고 있는데, 그의 작품을 보노라면 영적인 삶에 대해 다시금 반추하게 된다.

'진정한 삶의 의미는 무엇인가?'

'눈에 보이지 않는 세계는 어떻게 이루어져 있는가?'

'영적인 성장은 어떻게 가능한가?'

파울로 코엘료는 구루Guru나 다름없다. 영적 스승인 구루는 꼭 산속에서 도를 닦거나 어려운 요가를 하고 수행을 하기도 하지만 평범한 일반인으로 살아가기도 한다. 달라이 라마Dalai Lama, 틱낫한Thich Nhat Hanh, 법정 스님 등도 있지만, 에크하르트 톨레Eckhart Tolle, 디팩 초프라Deepak Chopra, 닐 도날드 월쉬Neale Donald Walsch 같은 이들도 있다. 이들 모두는 보통 사람이 도달하기 어려운 높은 경지의 통찰과 지혜를 지니고 있다.

그래서 심신이 지칠 때, 온통 절망으로 가득할 때, 살아갈 의욕을 잃을 때 이들의 책을 읽고 나면 새로운 기운을 얻을 수 있다. 마치 망망대해를 떠돌던 돛단배가 불빛을 던지는 등대를 발견한 것처럼 말이다.

티베트의 정신적 지주인 달라이 라마는 '용서'를 강조한다. 그런데 그 맥락을 알고 나면 놀라게 된다. 1950년 중국 공산당이 조국을 침탈해 무차별적으로 살상을 저질렀다. 이때 그는 조국을 떠나 인도로 망명한다. 그는 다른 대상이 아닌 바로 중국을 대상으로 용서를 강조한다.

그는 자신을 해한 사람을 미워하는 것은 결국 자신을 놓아주지 못한 것이라면서, 미움과 원망을 넘어서서 자기 자신에게 최고의 은혜인 용서를 베풀어야 한다고 말한다. 그는 용서에 관해 말한다.

"용서의 마음을 지니고 있으면 다른 사람이 어떤 모습을 하고, 우리에게 어떤 행동을 하든 아무 상관이 없다. 진정한 자비심은 다른 사람의 고통을 볼 줄 아는 마음이다. 그의 고통에 책임을 느끼고, 그를 위해 뭔가를 해주고 싶은 마음이다. 다른 사람의 행복에 마음을 기울일수록 우리 자신의 삶은 더욱 환해진다. 타인을 향해 따뜻하고 친밀한 감정을 키우면 자연히 자신의 마음도 편안해진다. 그것은 행복한 삶을 결정짓는 근본적인 이유가 된다."

21세기 영적 교사로 추앙받는 영성가 에크하르트 톨레는 '지금 이 순간을 살아라'라고 말한다. 고통과 두려움에서 벗어나기 위해 지금 현재에 집중하라고 한다. 사실 그에게도 사춘기 시절 우울증과 자살 충동을 겪었던 과거가 있다. 그런 그는 미래도 과거도 아닌 현재에 초점을 맞출 때 진정한 자아를 발견할 수 있고 또 더 나은 삶을 살 수 있다고 한다. 그는 많은 사람이 하루에도 여러 차례 겪는 두려움을 극복할 수 있는 해법을 제시해준다.

"두려움이란 미래에 초점을 맞추며 살기 때문에 생겨나는 것이고, '

지금 여기'에서 벗어나기 때문에 생겨나는 것입니다. '지금' 속에는 아무 문제가 없으므로 두려움 또한 없습니다."

이 외에도 영적 스승의 책을 통해 얻을 수 있는 건 매우 많다. 자기 계발서, 실용서를 통해 얻지 못했던 인생의 길을 찾을 수 있다. 배가 고파서 오는 허기가 있고, 물질과 명예, 권력이 부족해서 오는 허기가 있다면, 영적으로 채워지지 않아서 생기는 허기도 있다. 영적인 허기에 시달리고 있다면 책을 통해 영적 스승을 만나보면 어떨까?

06

죽음 체험을
해보라

"다음 생에선 우리 좀 다르게 살아보자. 더 많이 웃고, 더 많이 사랑하고, 세계를 구경하는 거야. 그저 두려워하지 않으면 돼."

영화 〈라스트 홀리데이〉에서 조지아가 한 말이다. 그녀는 주방용품 판매원으로 일하는 평범한 여자인데 어느 날 의사에게 불치병에 걸려 살날이 3주밖에 안 남았다는 선고를 받는다. 그녀는 인생을 허비했다고 절감해 자신이 동경하는 유명 요리사가 있는 체코로 떠난다. 그러곤 그곳에서 멋진 옷을 입고, 고급 호텔 스위트룸에서 잠자고, 유명 요리사와 함께 평소 먹고 싶었던 음식을 마음껏 즐긴다. 그런 그녀에게 의사가 오진이었음을 알리는 연락을 해온다.

이 영화는 의사의 오진으로 벌어진 해프닝을 담은 코미디물이지만, 결코 가볍게 볼 수만은 없다. 이 영화는 의미 있는 일에 최선을 다해 삶을 허비하지 말자는 메시지를 담고 있다. 사람은 누구나 죽음을 맞이한다. 죽음은 누구에게나 불시에 찾아오지만, 사람은 그 사실을 까맣게 잊고 온통 무의미한 것에 정신이 팔렸는지도 모른다. 정작 자신이 가장 원하는 일을 포기한 채.

폴 칼라니티Paul Kalanithi라는 서른여섯 살의 젊은 의사가 있었다. 하루 열네 시간에 달하는 혹독한 수련 과정을 마치고 곧 전문의가 될 날을 앞두고 있었다. 그런 그는 폐암 4기의 죽음과 맞닥뜨리게 된다. 그의 삶은 완전히 뒤바뀌고 만다. 하지만 그는 자신이 정확히 언제 죽을지 알지 못했다. 3개월이 남았는지, 6개월 아니 1년이 남았는지 전혀 몰랐다. 그래서 그는 평소처럼 생활해나가다가 8개월째에 숨을 거둔다. 그는 이런 말을 남겼다.

"중병에 걸리면 삶의 윤곽이 아주 분명해진다. 나는 내가 죽는다는 것을 알았다. 하지만 그건 전부터 이미 알고 있던 사실이었다. 내가 가진 지식은 그대로였지만 인생 계획을 짜는 능력은 완전히 엉망진창이 됐다. 내게 남은 시간이 얼마나 되는지 알기만 하면 앞으로 할 일은 명백해진다."

그는 또한 인간은 죽음의 존재이므로 가치 있는 일로 인생 계획을 짜라고 한다.

그렇다, 우리는 결국 죽는다. 이것은 아주 당연한 사실이지만 별로 피부에 와 닿지 않는 게 사실이다. 마치 무한대의 시간이 주어진 것처럼 아무렇지 않게 하루하루를 살아가고 있다. 어떤 사람은 물질에 도취해 흥청망청하면서, 어떤 사람은 패배자로서 무기력하게 시간을 물 쓰듯이 보내고 있다. 그러면서 우리가 얼마나 소중한 생의 한순간에서 눈부시게 빛나고 있는지를 망각한다.

이런 이들에게 필요한 건 죽음이 결코 멀리 있지 않다는 걸 경험하는 일이다. 죽음 체험을 하면 삶이 새롭게 와 닿지 않을까? 자신의 영정 사진을 바라보고, 수의를 입고, 비좁은 관에 들어가 보면 대수롭지 않게 여겼던 생이 아주 다르게 다가올 것이다. 죽음을 앞둔 불치병 환자처럼, 현재 자신에게 주어진 생이 아주 감사하다는 걸 깨닫게 될 것이다.

아주대 정신의학과 홍창형 교수는 죽음 체험의 이점에 대해 말한다.

"죽는 날을 떠올리면 삶에 대한 애착이 생기고 지나온 삶에 대해 아쉬움이 느껴집니다. 그 결과로 삶에 의욕이 생기면서 활동량이 많아지고, 우울증에 걸릴 확률도 낮아집니다."

실제로 죽음 체험의 긍정적 효과는 적지 않다. 그중 다음 5가지를 살펴보자.

1. 자신의 삶을 눈물 흘리며 진심으로 반성한다.
2. 갈등을 겪고 있는 사람과 화해를 한다.
3. 우울증이나 자살 충동 등 정신적 문제가 있는 사람은 삶의 소중함을 깨닫고 다시 의욕을 되찾는다.

4. 사업 실패, 시험 낙방 같은 역경을 겪는 이들에게 새로운 도전 의식이 싹튼다.

5. 미래를 의미 있게 살고자 하는 인생 계획을 세운다.

꽃다운 20대 청춘도 한순간이다. 지금까지 매너리즘에 빠진 채로 시간을 보냈다면, 나 없는 이 세상을 생각하면서 죽음 체험에 참여해보자. 자신이 한 줌 바람으로 사라진다는 걸 눈물 흘리며 자각해보자. 죽음을 체험하고 나면 무미건조한 시간이 오색영롱한 시간으로 바뀔 것이다.

07

이름 없는 들꽃이
되어보라

시간이 날 때마다 계룡시 두계천을 자주 걷는다. 계절마다 울긋불긋한 들꽃이 많이 피어난다. 그 가운데 몇 개는 이름을 알 수 있지만 대부분 그 이름을 알 수 없다. 당연히 개나리, 진달래, 들국화, 쑥부쟁이, 민들레, 패랭이처럼 잘 알려진 꽃들에 눈길이 먼저 간다.

그 외 앙증맞은 꽃들은 이름을 모른다는 이유로 한번 보고 쓱 지나쳐버린다. 하지만 마음의 여유가 있을 때는 다르다. 잠깐 벤치에 앉을 시간적 여유가 있을 때는 일부러 이름 모를 들꽃 하나하나에 시선을 보낸다. 그 무명 들꽃을 보면 마치 16년 전 나를 보는 것 같다.

지방에서 막 강사로 나선 나는 그야말로 무명이었다. 그 누구도 강사로서의 내 미래를 인정하지 않았다. 나는 이름 없는 들꽃이었고 동료 강사들은 유명한 들꽃이었다. 하지만 시간이 지나고 보니, 나도 어느새 유명한 들꽃이 되어 있다.

그런데 빛이 있으면 어둠이 있다고, 유명 강사라고 해서 다 좋은 것만은 아니다. 무엇보다 주부로서 가정에 충실하지 못한 점이 애석하다. 특히, 성장기 자녀와 많은 시간을 함께 보내지 못한 점이 그렇다. 그리고 집안 살림을 다른 주부들처럼 꼼꼼하게 도맡지 못한 점도 아쉽게 생각한다. 이런 희생이 없었다면 유명 강사가 되기 어려웠을 것이다.

돌이켜보면 난 강사라는 목표 하나를 위해 달려왔고, 운 좋게 목표를 성취할 수 있었다. 하지만 줄곧 특별해지려고만 한 게 아니었나 하는 반성을 한다. 목표를 달성했기에 망정이지, 그렇지 못했다면 엄청난 자괴감과 무력감에 빠지고 말았을 거다.

'다른 강사는 벌써 정상에 올랐는데 나는 왜 이 모양이야.'

'나는 능력이 없는 사람인가?'

'해도 해도 안 되네. 정말 지친다.'

그래서 이제부터라도 마음의 여유를 가지려고 노력한다. 사람들에게 특별하다고 인정받기보다는 나 자신에게 더 집중하려고 한다. 사람들이 인정하든 말든, 내 기준을 설정해서 그것에 맞게 하루하루 최선을 다하려고 한다. 그러다 보면, 발전이 따라올 거라 믿는다.

"'남에게 어떻게 보이느냐'에만 집착하는 삶이야말로 '나' 외에는 관심이 없는 자기중심적인 생활 방식이다."

아들러가 한 말이다. 내 과거가 이런 삶이었다. 사람들에게 인정받으려 애쓰는 사람은 얼핏 보면 타인 중심적인 듯하지만 그렇지 않다. 사실 남에게 인정을 받으려 하는 태도는 자기 이익, 자기중심을 지향하는 것과 다르지 않다. 이로 인해 생기는 결과는 감당하기 버겁다. 남에게 인정을 받을 수 있으면 괜찮지만 그렇지 못할 경우 심각한 내상을 입는다.

'난 무능한가?', '난 열등한가?' 하는 자책과 자기 비하에 시달리고 만다. 이렇듯 많은 사람이 특별해지려고 하다가 결국 마음에 큰 상처를 입는 게 현실이다. 그래서 아들러는 타인에게 인정받아서 특별해지려고 하지 말라고 한다.

그는 '나'는 세상의 중심이 아니기 때문에 자기 본연의 모습 그대로 평범해질 용기를 지니라고 한다. 그래야 상처에서 자유로운 행복한 삶을 영위할 수 있다. 평범해지는 건 무능해지고 열등해지는 게 아니라, 나 자신에게 더 진실해진다는 의미다. 비유한다면, 평범해지는 건 이름 없는 들꽃이 되는 것과 같다. 이름이 없어서 특별하지는 않지만, 이미 꽃으로서는 완전무결하다. 무엇 하나 모자란 게 없이 완벽한 꽃으로서 생을 영위할 수 있다.

이제야 많은 걸 깨닫는다. 난 항상 세상의 중심이 되고자 했기에 자나 깨나 긴장과 압박에 시달렸다. 조금씩 성취해나가도 만족보다는 더한 갈증이 찾아오곤 했다. 이제 잘못된 단추를 바로 채우려 한다.

이 시대 청춘 여성도 평범해지기로 하자. 그래야 만족감 넘치는 일상, 행복한 자아를 되찾을 수 있다. 나는 결코 세상의 중심이 아니다. 따라서 나 본연의 모습으로 하루하루 충실하게 살아가자. 누군가의 인정 보다는 지금 현재 나의 행복에 집중하자. 이름 없는 들꽃처럼 평범해질 용기를 지니자.

08

절망을 극복한 사람을
닮아보라

"그때 그런 생각이 들었어요. 내 삶이 분명히 달라졌고 세상 사람들이 보기에 내 모습은 일그러졌지만, 이런 내 안에 생명이 있는 이유가 분명히 있다고요."

불의의 교통사고를 당해 전신 55%에 3도 중화상을 입은 이지선의 말이다. 여대생이던 그녀는 마흔 번이 넘는 대수술과 재활 치료로 가까스로 생명을 이어갈 수 있었다. 그녀가 머물던 중환자실에서는 한 달여 동안 열여덟 명이 숨을 거두었다. 지옥 같은 그곳에서 그녀는 자신이 살아남은 이유가 있다는 믿음을 붙들었고, 다시 세상의 품으로 돌아올 수 있었다.

전신 화상을 입은 그녀의 눈에 세상은 아주 다르게 보였다. 이로부터 장애인, 노인 등 소외당한 사람들에게 힘과 용기를 주는 활동을 해나가기로 했다. 새로운 삶을 시작한 그녀는 말한다.

"캄캄한 어둠 속에서 아무것도 보이지 않지만, 가도 가도 끝이 없는 동굴이 아니라 터널일 것이다. 이 터널을 지나고 포기하지 않고 가다 보면 언젠가 빛을 만날 것이다. 포기하지 않으면 기적이 일어난다."

세계적인 가스펠 여가수 레나 마리아Lena Maria는 두 팔이 없고 한쪽 다리가 짧은 중증 장애인으로 태어났다. 혼자 일어서서 걷는 데 4년, 혼자 옷을 입는 데 12년이 걸렸다. 그녀는 매사에 긍정적인 사고를 했다. 자신은 남들과 사는 방식이 조금 다를 뿐이라고 생각했다.

그녀는 장애인 수영 선수로 세계선수권대회에서 금메달을 따냈고, 구족 화가로도 활동했다. 그녀의 활동은 여기에서 멈추지 않았다. 현재 그녀는 전 세계를 돌아다니며 희망을 전도하는 유명 복음 가수로 활동하고 있다. 늘 감사하는 마음으로 살아가는 그녀는 말한다.

"제게 팔과 다리가 있고 평범했다면 사람들에게 이렇게 많은 관심을 받지 못했을지도 몰라요. 제 인생과 노래에서 제가 표현한 것들이 다른 사람들에게도 용기를 북돋워 줄 수 있다면 저는 목표를 달성한 거로 생각해요."

어떻게 저런 삶을 살아갈 수 있는지 놀라는 사람이 적지 않다. 벼랑 끝에 선 것처럼 절망적인 상황에서도 기어코 희망의 불꽃을 피워내는 사람이 있다. 이들의 이야기를 접하다 보면 코끝이 찡해온다. 이들은 도종환의 시에 나오는 '물 한 방울 없고, 씨앗 한 톨 살아남을 수 없는 절망의 벽 위를 포기하지 않고 나아가는 담쟁이'와 같다. 절망적인 상황에 무릎 꿇지 않고 천천히 앞으로 나아가는 모습이 매우 비슷하다.

지금 내가 겪는 고통과 역경은 그들이 겪은 것에 비하면 정말 초라하게 느껴진다. 이걸 고통, 역경이라고 할 수나 있나 할 정도다. 그래서 잠시나마 현재의 번민을 잊고, 의욕을 다시 불태울 수 있다.

'그래도 인생은 살 만하다. 저들도 하는데 나라고 못 할 게 없어.'

지방에서 올라와 하루에 세 군데에서 아르바이트를 하는 여대생이 있었다. 그녀의 홀어머니는 몸이 불편해 일을 할 수 없었기에 기초 생활 수급자로 근근이 생계를 이어가고 있었다. 그녀의 어머니는 너무 많은 잡일을 하다가 몸에 무리가 왔다. 그녀는 공부를 잘해 명문대를 다녔지만 고민이 많았다. 막상 대학에 와보니, 공부할 시간도 없이 매일같이 아르바이트만 해야 했기 때문이다.

더욱이 졸업한다 해도 취업이 된다는 보장이 없었다. 그녀는 눈물을 흘리며 하소연을 했다.

"이럴 줄 알았으면 그냥 고향에서 취직 잘되는 전문대라도 다닐 걸 그랬어요. 아르바이트를 여러 개 하느라 힘들기만 하고 공부엔 전혀 신경 쓸 틈이 없어요. 아르바이트 안 하고 편하게 공부만 하는 친구들을 보면 정말 부럽고, 가난한 집안에서 태어난 게 원망스럽기만 해요."

그녀에게 기성세대로서 해줄 말이 별로 없었다. 미안했기 때문이다. 어려운 환경에서도 열심히 공부한 학생들에게 많은 기회가 주어지지 못하는 현실에 대한 책임감이 들었다. 그녀에게 '열정을 가져라', '비전을 가져라', '최선을 다하면 기회가 온다'라고 말하기는 쉽지 않았다. 대신 그녀의 손을 잡으며 이런 말을 해주었다.

"학생보다 더 못한 처지에 있는 사람을 생각하고 용기를 내세요. 자신보다 더 좋은 처지에 있는 사람만 생각하면 늘 박탈감이 들 뿐입니다. 학생에게는 뛰어난 두뇌와 성실성, 좋은 학력이 있고, 튼튼한 건강이 있습니다. 이런 장점이 없는 학생이 얼마나 많은지 모르진 않죠? 힘들수록 절망적인 상황을 이겨내고 꿋꿋이 살아가는 사람들을 돌아보세요. 그래도 인생은 살만하다고 느낄 수 있을 거예요."

09

묵상과 기도를
해보라

"죽고 싶어요. 삶의 의미가 없어요. 어떻게 이력서를 백 곳 넘게 넣었는데 취직이 안 될 수 있죠?"

대학을 졸업한 후 2년간 취업에 매달렸던 20대 중반 여성이다. 모 여대를 다니면서 4점대 학점은 기본이고 어학연수, 봉사 활동, 각종 자격증 취득에다가 부전공으로 경영학까지 공부했다. 처음엔 대기업을 비롯한 유명 기업에 지원을 했고, 이내 중소기업으로 하향 지원을 했다. 몇 번 면접만 봤을 뿐 어디서도 취직 합격 통보를 해오지 않았다.

그녀는 심한 우울증에 걸렸고, 급격히 자존감이 떨어졌다. 이 때문에 구직 정보를 알아볼 의지마저 잃어버렸고, 이력서를 쓰고 면접을 보러 다니는 데 회의를 느꼈다. 이제는 아무도 자신을 받아주지 않을 것 같아 두려움에 사로잡혔다. 세상에서 버림받았다는 소외감이 들었다.

그러자 자살 충동이 엄습했다. 취업 실패에 갈수록 우울증이 심해지고 또 건강도 악화되면서 죽고 싶다는 생각이 들었다. 실제로 미취업 여성이 미취업 남성보다 자살 충동에 빠질 가능성이 더 높다.

그 여성에게 걱정 어린 마음으로 말했다.

"그 심정을 이해하지만 결코 나쁜 마음을 가지면 안 돼요. 아무리 희망 없는 순간일지라도 누구에게나 살아야 할 분명한 의미가 있어요. 자신이 실패자라는 자괴감에 지나치게 빠지면 자존감이 떨어지게 되어 살고 싶은 의욕이 사라지게 되죠. 그러니까 현재 살아 있는 나 자신에 주목하세요. 내가 살아 있다는 자체가 얼마나 큰 축복인지를 생각해 보세요. 가능하다면 교회, 사찰, 성당에 찾아가서 묵상과 기도를 해보면 어떨까요? 이렇게 하면 내가 살아야 할 이유를 찾을 수 있을지도 몰라요."

인생의 막다른 골목에 선 듯할 때, 망망대해를 표류하는 듯할 때, 컥컥 숨이 막히는 듯할 때가 있다. 이때 그 무엇도 위로가 되지 않으며, 해답을 주지 못한다면 어떻게 할까? 자살이라는 극단적인 방법밖에 없을까? 아니다. 인간의 상식과 이성 너머에 존재하는 신에게 매달릴 수 있다. 다 내려놓고 종교 기관에 홀로 찾아가 묵상과 기도를 해보자.

그러노라면 다 소진되었다고 봤던 긍정 에너지가 조금씩 솟아오른다. 그 어떤 최악의 상황 속에서도 내가 살아야 할 의미가 있음을 자각하게 된다. 이와 함께 새로운 마음으로 다시 시작해야겠다는 생각이 든다.

인간 경영의 대가 데일 카네기는 사람들에게 종교를 가지라고 권했다. 그는 종교 신자가 아니었기에 특정 종교를 권하지 않았다. 그는 종교가 정신적 의지처가 되어줄 뿐만 아니라 행복과 만족을 줄 수 있다고 보았다.

"나는 종교를 어떻게 이해하는가에 관해서는 관심이 없다. 다만 나는 종교가 어떤 즐거움을 줄 수 있는가에 대해서만 흥미가 있다."

미국 듀크 대학교의 해롤드 코에닉Harold Koenic 교수는 병원 환자를 대상으로 조사한 결과 90%에 달하는 환자들이 종교를 가짐으로써 더 건강해지고 또 행복해졌음을 밝혀냈다. 게다가 종교가 장수에도 큰 도움이 된다는 것을 입증했다. 그는 말했다.

"교회에 열심히 나가는 사람들이 일요일마다 골프를 치는 사람보다 더 건강하다."

시간 날 때마다 사찰에 들른다. 사회와는 절연된 채 깊은 산속에 자리한 사찰에 찾아갈 때마다 설렌다. 일이 잘 안 풀릴 때, 마음에 번민이 가득할 때 사찰에서 기도를 하고 나면 그렇게 개운할 수가 없다. 이때 모든 일의 원인을 남으로 돌렸던 게 잘못이라는 생각이 든다. 모든 일의 근본 원인이 바로 나 자신이라는 생각에 더욱 나 자신을 되돌아보게 된다. 더 양보하고, 더 솔선수범하고, 더 열심히 살아야겠다고 마음을 먹는다.

삶의 의미가 없다고 생각되면 종교 기관을 찾아가자. 그곳에서 눈에 보이지 않는 신 앞에서 무릎 꿇고 묵상과 기도를 하면서 마음 깊은 곳으로 내려가 보자. 그 내면에서 '그럼에도 불구하고 살아가야 해, 더 열심히'라는 음성이 들려올 것이다.

10

유서를
써보라

이해인 수녀의 시 〈미리 쓰는 유서〉의 앞부분이다.

소나무 가득한 솔숲에
솔방울 묻듯이 나를 묻어주세요

묘비엔 관례대로
언제 태어나고

언제 수녀가 되고
언제 죽었는가
단 세 마디로 요약된 삶이지만

이 시는 "그동안 받은 사랑 진정 고마웠습니다"라는 구절로 끝난다.
수녀와 친분이 깊은 법정 스님은 〈미리 쓰는 유서〉라는 글에서 세상을
하직하기 전에 자신의 허물에 대해 참회하며, 자신은 장례식이나 제사
를 원치 않는다고 밝힌다.

이들의 미리 쓴 유서는 단지 글로만 끝났을까? 한번 내뱉은 말이 허
공에서 사라지듯이 아무런 영향력을 끼치지 못했을까? 이해인 수녀는
매일 감사하는 생활을 하고 있으며, 법정 스님은 실제로 자신의 허물을
참회했고, 자신의 장례식을 치르지 말라는 유서를 남겼다.

유서는 죽음을 전제로 남기는 글이라서 어둡고 불길한 게 사실이다.
하지만 가상으로 지금 내가 죽는다고 생각하며 유서를 쓰는 건 여러모
로 도움을 준다. 지나치게 자만에 빠져 있거나, 혹은 과도하게 비관주의
에 빠져 있을 때 펜을 들고 한 자 한 자 유서를 쓰고 나면 내면의 중심이
되찾아지는 걸 경험할 수 있다.

유서는 사람은 결국 죽음의 존재라는 명제가 가슴 절절히 와 닿게 한
다. 그래서 언젠가 찾아올 '나 없는 이 세상'을 더 가치 있게 살고자 마
음먹게 한다. 이 순간 마치 눈앞을 뒤덮은 짙은 안개가 걷히고 찬란한
빛 한 줄기가 내려오는 듯할 것이다. 인간과의 관계, 물질과의 관계, 인
생 목표가 분명해진다.

'사람의 겉모습만 볼 게 아니라 내면을 보자.'

'물질이 전부가 아니야. 얼마나 가치 있는 삶을 사느냐가 중요해.'

'남을 의식하지 말고, 내가 진정으로 하고 싶은 일에 전력투구하자.'

아이들 때문에 속상한 적이 많았다. 강의를 하면서 밖으로 나돌아다니다 보니 자연히 아이들의 공부에 신경을 쓰지 못했다. 비싼 학용품을 사주고, 비싼 학원에 등록시켜주면 다 된다고 생각한 게 오산이었다. 아이들은 썩 공부를 잘하지 못해 좋은 대학에 가지 못했다. 이에 비해 나는 공부 실력을 발휘해 내가 원하던 대학원에 다니고 있으니 자괴감과 함께 실망감이 들었다. 나는 잘 안되더라도 아이들이 잘되었어야 한다는 생각이 들면서 아이들에 대한 아쉬움이 생겼다.

모든 엄마의 마음이 다 똑같다. 자신을 희생하더라도 아이들이 잘되길 바란다. 그런데 막상 아이들이 원하는 만큼 해주지 못하면 실망감이 엄습해왔다. 특히, 이웃이나 친구의 자녀가 공부를 잘해 명문대를 갔다는 이야기를 들으면 가슴이 콱 막혀왔다. 그럴 땐 프로 강사고 뭐고 다 때려치우고 싶을 정도로 스트레스를 받았다. 내가 무엇을 위해 살아왔나 하는 생각이 들었다.

한동안 번민에 사로잡혔던 내가 비로소 마음의 여유를 갖게 된 건 유서 쓰기 때문이었다. 아이들에게 남기는 유서를 쓰면서, 지금 내가 가진 것에 만족하게 되었다. 우리 아이들은 음식을 가리지 않고 골고루 잘 먹기에 아주 건강하고, 크게 말썽을 부린 적 없이 부모 말도 잘 듣는다. 유서를 쓰면서 이런 점을 깨닫게 되었다. 그러자 아이들이 내 곁에 있다는 그 자체만으로 정말 고맙다는 생각이 들었다.

가만히 있어도 머리가 번민과 갈등으로 가득하다면 유서를 써보자. 부모님에게, 친구에게, 선생님에게 유서를 쓸 때 비로소 진솔하고 겸허한 자신으로 돌아갈 수 있다. 그때 자신을 괴롭혔던 문제가 서서히 풀려가는 걸 체험할 수 있다. 또한, 눈물을 흘리면서 자기를 반성할 수 있게 되고 주어진 것에 대한 감사한 마음이 생겨났다.

더 가치 있게 살기 위해 미리 유서를 써보자.

5장

자존감을 위한 조언
: 용기 증진

01

긍정,
또 긍정하는 사고

"해도 해도 안 되는데 어떻게 긍정적인 사고를 하란 말이죠?"

여자 취업준비생들을 만나면 이런 볼멘소리를 자주 접한다. 취업 전선에서 충분히 최선을 다했지만, 결국엔 낙방밖에 돌아오는 게 없기 때문이다. 그들에게 장밋빛 미래를 설파하는 건 금물이다. 그런데도 긍정의 사고방식은 놓지 말라고 강조한다.

아무리 상황이 좋지 않아도 긍정적인 사고를 하고 있으면 언젠가 기회가 온다. 2016년 브라질 올림픽 때 펜싱 에페 금메달을 딴 박상영이 그렇다. 결승전에서 13 대 9의 점수 차이로 패색이 짙었던 순간, 그의 귀에 '할 수 있다'는 응원 소리가 들려온다. 그러자 그는 무의식적으로 고개를 끄덕이며 '할 수 있다'고 되뇐다. 이후, 그는 폭풍 같은 공격으로 연이어 5점을 따내어 금메달의 주인공이 되었다.

〈포레스트 검프〉의 주인공 검프도 마찬가지다. 그는 남보다 모자라고 다리가 불편했기에 늘 친구들에게 괴롭힘을 당한다. 그런 그에게 친구 제니가 든든한 버팀목이 되어준다. 하루는 제니가 절룩거리는 검프에게 "넌 뛸 수 있어"라고 응원을 하자, 이에 할 수 있다고 마음먹은 검프는 정상인처럼 빠르게 달려나간다. 이로써 장애인이었던 그가 그 누구보다 더 빨리 달릴 수 있게 된다.

이 두 이야기를 통해 알 수 있는 건, 긍정의 사고는 한 사람의 잠재력을 극대화한다는 점이다. 긍정의 사고는 아무리 안 좋은 상황도 극복할 수 있게 만든다. 사업에 연이어 실패하더라도 '난 할 수 있어'라는 긍정의 사고를 지니고 있는 사람은 재기에 성공한다. 이에 비해 '난 안 돼'라는 부정의 사고를 가진 사람은 결국 사업을 접는다.

사회 각계에서 정상에 오른 리더도 알고 보면 긍정적인 사고를 습관화한 사람이다. 여러 차례 실패를 겪었지만, 그 실패 뒤에 성공의 길이 찾아온다는 걸 믿고 앞으로 전진한 것이다.

미국의 40대 대통령 로널드 레이건Ronald Reagan은 심각한 난시, 청각 장애, 결장암, 손가락이 틀어지는 병 등으로 건강상에 문제가 많았지만, 항상 웃음을 잃지 않는 긍정의 사고를 가졌다. 한번은 그의 지지도가 크게 떨어지는 것을 걱정하는 보좌관에게 이렇게 말했다.

"한 번 더 총에 맞으면 될 것 아닌가?"

과거에 자신이 정신병자에게 총격을 받았을 때 크게 지지도가 오른 일화를 즐겁게 빗댄 것이다.

일본에서 3대 경영의 신으로 칭송받는 교세라 그룹의 이나모리 가즈오稲盛和夫 명예 회장도 그렇다. 그는 자신이 설사 진흙탕에 빠지더라도, 그 덕분에 내 뒤에 오는 사람이 조심할 수 있다는 긍정 마인드를 지녔다고 말했다.

"긍정적인 사람은 일이 어떻게 될지 알 수 없더라도 일단 한 발 내딛는 추진력이 있다."

긍정적 사고는 정신 건강에도 매우 좋다. 정신과 전문의 오갑섭 교수는 말한다.

"일반인을 대상으로 스트레스와 긍정 사고, 삶의 만족감에 관한 관련성을 연구한 결과 스트레스 자체는 삶의 만족감에 직접적인 영향을 주지 않았습니다. 스트레스가 많은 경우에도 긍정 사고를 많이 하면 삶의 만족감은 높게 나타났으며, 반대로 스트레스가 적은 사람들도 긍정 사고가 부족하면 삶의 만족도가 낮게 나타났던 것입니다. 스트레스 자체보다는 그것을 바라보는 긍정적 또는 부정적 사고방식이 삶의 만족도를 결정합니다."

어떻게 하면 청춘 여성들이 긍정적 사고를 습관화할 수 있을까? 다음 4가지를 실천해보자. 이를 반복하는 순간, 긍정 에너지로 얼굴이 환하게 빛날 것이다.

1. 감사 일기 쓰기

2. 신나는 음악 들으며 춤추기

3. 행복한 순간을 떠올리기

4. 긍정적 자기 암시하기

02

가슴 뛰는
목표 의식을 세워라

"우리는 밀레니엄 세대입니다. 목표를 찾는 것만으로는 충분치 않습니다. 지금 세대의 도전은 모든 사람이 목표 의식을 품는 세상을 창조해야 한다는 것입니다."

페이스북 창립자 마크 저커버그가 2017년 하버드대 졸업식 연설에서 한 말이다. 그의 연설은 '목표'에 맞추어졌다. 세계적인 기업을 만들고서도 매번 새로운 프로젝트를 시도했던 그에게 가장 힘들었던 때는 프로젝트의 목표가 무엇인지를 설명하지 못한 순간이라고 한다. 자신이 하는 일에 대한 명확한 목표 의식이 있을 때 비로소 위대한 프로젝트가 탄생한다는 것이다.

이제 그는 자신만을 위한 목표가 아니라 세상의 모든 청년 세대가 가슴 뛰는 목표를 갖는 세상을 꿈꾸고 있다. 그는 청춘에게 가장 필요한 건 재정적 지원, 교육 시설 확충, 일자리 창출이 아니라 바로 '목표 의식'이라고 역설했다.

가슴 뛰는 목표 의식은 소명 의식을 지니고 목표를 추구하게 만든다. 어떤 사람은 소명 의식을 지니고 목표를 추구하지만, 어떤 사람은 소명 의식 없이 수동적으로 목표를 추구한다. 이 둘의 차이는 어마어마하다. 미국 케네디 대통령John F. Kennedy이 미항공우주국에 방문했을 때 빗자루를 든 청소부에게 무엇을 하고 있느냐고 물었다. 그러자 청소부는 이런 대답을 했다.

"저는 인간을 달에 보내는 걸 돕고 있습니다."

벽돌공 이야기도 있다. 뙤약볕 아래에서 벽돌을 쌓는 벽돌공 셋이 있는데 그중 두 벽돌공은 자기 일을 통해 성취되는 위대한 목표를 전혀 생각하지 않았다. 하지만 다른 한 명은 벽돌을 쌓음으로써 이루어지는 원대한 목표에 대해 소명 의식을 지니고 있었다. 그는 '지금 무엇을 하고 있느냐'는 행인의 질문에 이렇게 말한다.

"나는 지금 아름다운 성전을 짓는 중이오."

청소부와 벽돌공은 가슴 뛰는 목표 의식으로 자기 일을 했다. 그 둘은 자기 일에 소명 의식을 지녔다. 1979년 하버드 경영대학원 졸업생을 대상으로 명확한 목표를 세운 학생과 그렇지 않은 학생을 조사했다. 놀랍게도 10년 뒤 목표를 구체적으로 기록했던 3%가 나머지 졸업생보다 소득이 평균 열 배나 많은 것으로 나타났다. 그러니 청소부와 벽돌공의 목표 달성 가능성은 매우 높을 게 분명하다.

'꼭 훌륭한 대학에 갈 거야.'

난 고등학교 때 이런 목표 의식을 품었고, 현재 그 목표를 달성하고야 말았다. 하지만 목표를 달성하는 과정은 순탄치 않았다. 이름 없는 대학에 진학하고, 또 여군에 입대한 후 주부가 되었으며, 그러다 풋내기 강사가 되었던 나. 제삼자가 보면 이런 나에게 이미 그 목표 달성은 물거품이 된 거나 다름없었을 것이다.

그런데 어떻게 늦은 나이에 내가 원하던 대학원에 진학할 수 있었을까? 그건 강렬한 목표 의식이 있었기 때문이라고 본다. 고등학교 때부터 죽 수첩에 '꼭 훌륭한 대학에 갈 거야'라고 적어놓았다. 10대에서 20대를 지나 30, 40대에 이르기까지 수첩에 그런 글귀를 적어나갔다. 그러다 보니 결코 늦지 않았다는 자신감이 들었고, 운 좋게 내가 원하던 대학의 경영정보대학원에 편입하게 되었다.

나이가 들어가면서 목표 의식이 약해졌더라면 목표 달성을 위한 시도가 줄어들었을 것이다. 내 가슴을 늘 뛰게 하는 그 목표가 살아 숨 쉬고 있었기에, 기회가 있을 때마다 시도했다. 물론 여러 차례 실패가 있었지만 결국 목표 달성이란 왕관을 쓸 수 있었다.

나보다 더 공부를 잘했던 친구가 있다. 그 친구는 서울 소재 대학을 졸업한 후 잠깐 직장에 다니다가 죽 전업주부로 지냈다. 그 친구가 나를 만나면 놀란다. 자신보다 공부를 못했던 내가 늦은 나이에 내가 원하던 대학원에 진학했다는 걸 믿기 힘들어한다. 무엇이 현재의 그 친구와 나의 차이를 만들었을까? 그건 바로 가슴 뛰는 목표 의식이다.

여성에게 20대는 목표를 세우는 기간이다. 20대에 자신의 가슴 뛰는 목표를 세운 여성과 그렇지 않은 여성의 미래는 아주 다르다. 가슴 뛰는 목표 의식을 지닌 여성은 소명 의식으로 충만하기에 하루하루 의미가 있다. 그러면 절대 허투루 시간을 보내지 않기에, 미래는 반드시 그녀에게 미소로 화답한다.

03

하루 중 1%만이라도
달라져라

"우선 운동을 조금씩 해보세요. 운동 하나만으로 많은 변화가 생길 거예요."

콜 센터에 근무하는 20대 중반 여성에게 한 말이다. 그 회사에서 내가 진행한 서비스 특강을 계기로 그 여성과 인연이 이어졌다. 콜 센터라는 직업 특성상 상담원은 늘 스트레스에 시달리는데, 그녀는 유독 정신 고통이 심했다. 그녀는 원래 마른 체형이었지만 스트레스를 해소하기 위해 폭식을 하다 보니 지금은 비만이 되었다.

그렇지 않아도 스트레스 때문에 고민이었는데 비만이 되고 나니 결국 우울증에 걸리고 말았다. 고객과 통화를 할 때는 쾌활한 목소리가 생명인데 점차 목소리에 기운이 빠지고 있었다. 그런 그녀가 내게 어떻게 하면 좋겠냐고 도움을 요청해왔다. 스트레스를 잘 견뎌내고, 우울증을 극복하고 싶다고 했다.

나는 그녀에게 우선 운동을 열심히 하라고 권했다. 그녀는 내 조언이 운동하라는 것뿐이어서 실망스럽다는 표정을 지었다. 그런 것 말고 스트레스를 덜 받게 될 전문적인 방법을 원했던 것이다.

그녀에게 거듭 말했다.

"서비스업에 종사하는 분이 스트레스를 잘 견딜 수 있는 방법이 있긴 하지만 그건 임시 처방일 뿐입니다. 지금 당신에게 필요한 건 나 자신의 변화입니다. 운동을 통해 긍정적인 서비스 정신과 자존감을 높이고, 몸무게도 줄이면 우울증을 치료할 수 있지요. 그런데 하루아침에 이걸 다 얻으려고 하면 작심삼일이 돼요. 매일 하루의 1%인 15분만 투자한다는 생각으로 조금씩 그러나 꾸준히 하세요. 그렇게 하다 보면 운동이 습관화됨으로써 긍정 서비스 마인드, 자존감과 체중 감량, 우울증 치료를 다 얻을 수 있답니다."

나 자신의 변화를 위해서는 결코 많은 시간이 요구되지 않는다. 또한, 특별한 정신 무장으로 엄청난 변화를 시도할 필요가 없다. 아주 작은 습관 하나를 고치는 데는 하루 15분이면 충분하다. 단 꾸준히 반복에 반복을 거듭해야 한다. 이렇게 할 때, 작은 습관 하나의 변화가 연쇄 효과를 일으켜 다른 좋은 습관을 만든다.

가령 늦잠이 습관이 된 여성이 있다고 하자. 늦잠은 이 여성에게 다른 나쁜 생활 습관을 파생한다. 늦잠을 자기 때문에 화장과 패션에 더 정성을 들이지 못하고, 또 늘 시간에 쫓기기 때문에 충분한 공부와 독서 시간을 갖지 못한다. 게다가 운동을 규칙적으로 할 가능성이 매우 희박하기에 늘 개운하지 않은 컨디션이 이어진다. 이것만이 아니다. 일단 술과 담배를 하고 있으면 이것을 끊을 가능성이 매우 낮다. 술과 담배로 인해 몸 상태가 안 좋으니 결단력이 약해질 수밖에 없기 때문이다.

이 여성이 늦잠과 함께 다른 안 좋은 습관을 고치려면 어떻게 하면 좋을까? 많은 시간을 투자해 대대적으로 습관 개선에 나서야 할까? 그건 절대 바람직하지 않다. 그렇게 하면 중도에 포기할 가능성이 크다. 그 대신에 다른 안 좋은 습관을 일으키는 '핵심 습관'인 늦잠을 고쳐나가는 데 집중하자.

단번에 한두 시간 일찍 일어나기는 금물이고, 15분씩 일찍 일어나는 나날을 반복해야 한다. 이를 통해 여러 달에 걸쳐서 자연스럽게 일찍 일어나는 습관을 만들 수 있다. 이 과정에서 조금씩 해냈다는 성취감이 들면서 자신에 대한 긍정적 감정이 생긴다. 이와 함께 서서히 다른 안 좋은 습관이 고쳐지는 걸 확인할 수 있다.

《습관의 시작》을 쓴 미우라 쇼마三浦將는 작은 행동을 꾸준히 지속하면 커다란 변화를 만들어낼 수 있다고 한다. 이와 더불어 좋은 습관을 만드는 데 특별한 의지력과 많은 시간은 필요치 않다고 한다.

"날마다 실행하는 습관화 활동이 지나치게 부담이 되면 오래갈 수 없다. 무리하다가 작심삼일로 끝내기보다는 큰 노력이 필요 없는 간단한 일이라도 날마다 꾸준히 실천하는 편이 낫다. 처음에는 성과가 나타나기를 기대하지 말고 습관 정착에만 중점을 두어야만 습관화에 성공할 수 있다."

심리학 전문가 이민규 교수도 말한다.

"오늘도 내일도 매일 1%만 투자하자. 하루 1%만 잡아주면 나머지 99%는 저절로 달라진다. 1년이 되기 전에 이전과 전혀 다른 자신을 만나게 된다. 작게 시작하자. 크게 달라진다. 모든 위대한 성취에는 반드시 작은 시작점이 있다."

음주, 흡연, 늦잠, 야식, 게임 중독 등 안 좋은 습관으로 고민이 많은가? 그렇다면 그것을 한 번에 뿌리 뽑겠다는 생각 대신, 조금씩 하루 1%만이라도 바꾸는 노력을 하자. 또한, 안 좋은 습관 중에서 제일 중심이 되는 '핵심 습관' 하나에 집중해 서서히 일상을 바꾸어나가자. 이렇게 하면 성취감이 생겨 원하는 목표에 다가갈 수 있다.

04

자신을
공주로 대접하라

대부분 '공주병'에 걸린 사람을 나쁘게 본다. 자기만 잘났다고 망상
에 빠진 정신병 환자로 취급하기도 한다. 실제로 공주병에 걸린 사람들
은 자아도취에 빠져 타인과 원만한 관계를 유지하기 어렵다. 공주병 환
자의 증상은 그들이 내뱉는 이런 말로 알 수 있다.

"세상 사람들에게 미안해요. 내가 너무 예쁘니까요."

"숲속에 가면 자고 싶어져요. 난 잠자는 숲속의 공주이니까요."

"경복궁에 들어가면 마음이 너무 편해요. 내 집이니까요."

이로 인해 주변 사람은 스트레스를 받는다. 그녀와 정상적인 대화를 할 수 없다. 그런데 '공주병'에서 '병'자만 빼고, 말하자면 공주병에 걸리는 게 아니라 자신을 공주로 대접하는 건 어떨까? 둘은 엇비슷해 보이지만 절대 같지 않다. 공주병에 걸린 사람은 후천성 과대망상증이라는 병에 걸린 환자이지만, 자신을 공주로 대접하는 사람은 자신을 사랑하는 자기 존중감이 매우 높은 사람이기 때문이다. 둘은 한 끗 차이다. 선을 넘으면 독이 되고, 선을 잘 지키면 약이 된다.

모 백화점에서 CS 강의를 할 때 자신을 공주로 대접해서 판매왕에 올랐다는 여성 사원을 만난 적이 있다. 그 여성 사원은 여성 명품 의류관에서 근무하고 있었다. 그녀는 작은 키에 다소 체중이 나가 보였고, 얼굴은 평범했다. 구석구석을 살펴봐도 공주로 볼 수 있을 만한 곳은 단 한 군데도 없었다. 그런데 대화를 할 때 당당했고, 환한 미소를 잃지 않았다. 자긍심이 은근히 넘쳐나는 게 느껴졌다.

그 여성 직원이 말했다.

"전 공주병에 걸린 게 아니에요. 전 나 자신을 누구보다 사랑하고 믿을 뿐이에요. 그래서 손님을 대할 때 더 친절하게 응대할 수 있죠. 또한, 상품을 파는 데 연연하는 마음에서 벗어나서 고객과 시간을 즐기자는 마음이 들었어요. 그러다 보니 고객들도 기분이 좋아서 한 번 더 찾아주시지요. 저 또한 고객에게 기쁨을 주려다 보니, 단골들에게 신상품과 사은품을 챙겨드렸어요. 이렇게 하니 명품 의류관에서 판매왕이 되었어요."

이 말을 듣고 무릎을 탁 쳤다. 내가 오해했다는 걸 깨달았다.

'공주병에 걸리는 것과 자신을 공주처럼 대접하는 것은 천지 차이구나.'

그러면서 그 동안 여성을 상대로 해온 CS 강의가 딱 한 줄로 요약될 수 있음을 알았다. 바로 '자기 자신을 공주로 대접하라'였다. 이것만으로 모든 게 완벽하게 해결될 수 있음을 확신했다. 그 여성 사원은 자신을 공주로 대접하면서 자존감이 매우 높아졌고, 이로 인해 항상 친절하게 고객 대응을 할 수 있었다.

적지 않은 여성 청춘이 자신에 대한 존중과 확신을 지니지 못하고 있는 게 현실이다. 그래서 자기 비하와 열등감이란 수렁에 빠질 수밖에 없다. 일부 여성은 지나치게 자기 비하에 익숙한 나머지, 자기 비하를 겸손으로 착각하는 일도 있다. 그래서 늘 자신을 낮추고, 대화할 때도 목소리가 작고 중요한 일에도 나서지 않는다. 이건 정말 잘못이다.

사실 자존감과 자존심의 뜻이 명백하게 다르듯, 자부심과 자만심의 뜻도 다르다. 자존감·자부심과 자존심·자만심은 한 끗 차이다. 적정선을 지키면 전자가 되고 그 선을 넘어버리면 후자가 된다. 이 시대 여성에게는 적정선을 지키는 전자가 매우 절실하다.

영국의 시인 존 밀턴John Milton은 말했다.

"자기 자신을 경건하고 공정하게 존중하는 태도는 훌륭하고 소중한 진취적 기상이 솟아날 수 있도록 수분을 공급하는 원천이라고 할 수 있다."

이 시대 여성이 자존감과 자부심으로 무장하려면 어떻게 하면 될까? 그렇다. 자기 자신을 공주처럼 대접하는 것이다. 하녀가 공주를 대접하듯이, 자기 자신에게 더 정성을 들여서 잘 보필해줘야 한다. 그러면 공주는 자신의 가치를 마음껏 뽐내면서 당당히 사람과 어울릴 수 있다. 공주병 환자와 달리 자신을 공주로 대접하는 사람은 이렇게 말한다.

"세상 사람이 다 예뻐 보여요."

"항상 난 행복해. 다른 사람도 행복하면 좋겠어."

"오늘도 사람들에게 기쁨을 주고 싶어."

05

끄기의 효과를
경험하라

정부 보조금으로 근근이 살아가는 30대 미혼모가 있었다. 그녀는 미래가 암울했지만 몇 년 전부터 가슴에 품었던 이야기를 쓰고 싶었다. 날마다 유모차를 끌고 동네 카페에 가서 그 이야기를 써나갔다. 그 이야기는 자신이 마법사인 줄 모르는 소년의 이야기였다.

글을 써가는 동안 걱정이 이만저만이 아니었다. 글을 쓴다고 해서 당장 돈이 생기는 게 아니었기 때문이다.

'이번 달 생활비도 벌써 바닥이야. 이를 어쩌지……'

하지만 그러면서도 자신이 좋아하는 이야기로 재능을 마음껏 발휘하는 데 보람을 느꼈다. 글을 쓰면서 살아 있다는 느낌을 받았기에 갖가지 걱정을 떨쳐내면서 매일같이 글을 써나갔다. 그의 이야기가 마침내 완성되었다. 그런데 그의 원고는 대형 출판사 12군데에서 퇴짜를 받았다. 그녀는 실망하지 않았고 책으로 출판되기만을 바랐다. 그러다 작은 출판사와 겨우 계약을 맺어 책이 세상에 나왔다.

이 책이 바로 《해리포터와 마법사의 돌》이다. 지은이는 조앤 롤링Joanne Rowling이었고, 그 시리즈는 세계적인 베스트셀러가 되었다.

사업에 실패한 예순다섯 살의 남자가 있었다. 그의 수중에는 고작 105달러뿐이었다. 잘할 수 있는 건 닭 요리뿐이었고, 그래서 프라이드 치킨 레시피를 판매하기로 했다. 미국 전역의 식당을 돌아다녔지만 무려 1,008곳에서 퇴짜를 받았다. 하지만 자기 레시피가 최고라는 믿음을 잃지 않았다. 아직 자기 레시피의 가치를 알아보는 식당을 못 만났을 뿐이라고 생각했다.

희망을 잃지 않고 1,009번째 식당 문을 두드렸다. 바로 그곳에서 치킨 한 조각에 4센트의 로열티를 지급하는 조건으로 계약을 청해왔다. 이렇게 해서 KFC가 탄생했다. KFC 창립자 커넬 샌더스Colonel Harland Sanders는 말한다.

"멋진 아이디어를 지닌 사람은 많지만 이를 행동으로 옮기는 사람은 드물다. 나는 실패를 통해 경험을 얻고 더 잘할 방법을 찾으려고 애썼다."

롤링과 샌더스는 세계적으로 성공의 반열에 오른 이들이다. 이 둘이 성공할 수 있었던 원동력은 어디에 있었을까? 알다시피 그 둘에게는 우수한 학력, 천부적인 재능, 풍부한 자본이 있었던 게 아니다. 오히려 그들에게는 그런 조건이 하나도 갖추어져 있지 않았다. 하지만 그 둘에게는 바로 '포기하지 않는 끈기'가 있었다. 아무리 악조건이 닥쳐오고 연이어 실패를 하더라도 자신이 품은 뜻을 굽히지 않고 우직하게 한 걸음씩 나아가는 자세 말이다.

20대는 많은 것을 시도해볼 수 있는 때다. 기성세대가 틀렸다고 보는 일에도 '정말 그런가?' 하고 몸 사리지 않고 달려들 수 있는 때다. 또한, 아무도 생각지 못했던 일을 창조해내는 때다.

그런데 혹시 당신은 가만히 웅크리고 앉아만 있지는 않은가? 경제 상황이 최악이라거나, 자신뿐만이 아니라 다들 이렇다거나, 소위 '흙수저'라서 어쩔 수 없다고 둘러댈지 모른다. 그러나 그런 핑계는 결코 자신을 합리화하지 못한다. 최악의 상황과 실패 속에서도 끈기 하나로 성공에 이른 롤링과 샌더스 같은 사람들이 있기 때문이다.

미국의 석유왕 록펠러John Davison Rockefeller는 말했다.

"어떤 종류의 성공이든 인내보다 필수적인 자질은 없다. 인내는 거의 모든 것, 심지어 천성까지 극복한다."

성공은 끝까지 해내는 힘으로 얻어지는 것이라는《그릿》의 지은이 앤젤라 더크워스Angela Duckworth 펜실베니아 대학교 심리학과 교수는 말한다.

"재능이 불필요하다고 말하는 것이 절대 아니다. 어떠한 성취를 하기 위해서는 노력이 재능보다 최소 두 배 이상 중요하다. 지속적인 열정과 끈기 있는 노력이 없다면 재능은 그저 발휘되지 않는 잠재력일 뿐이다. 노력 없이는 아무것도 성취할 수 없기 때문이다. 다시 한번 강조하면, 순간적인 열정의 강도보다 중요한 것은 시간이 흘러도 한결같은 '열정의 진득함'이다."

이처럼 포기하지 않는 끈기가 성공의 원동력임을 알 수 있다. 그 끈기를 기르기 위해서는 어떻게 하면 될까? 앤젤라 더크워스 교수는 다음 4가지를 조언한다.

1. 자신이 좋아하는 분야에 열정을 가져라.
2. 성과를 내도록 각별한 연습을 해라.
3. 더불어 잘되길 바라는 마음가짐을 가져라.
4. 최악의 상황을 극복할 수 있다는 낙관적인 자세를 가져라.

이러한 4가지를 통해, 어떤 최악의 상황에서도 주저하지 않고 앞으로 나아갈 수 있다.

지구 한 바퀴를 도는 과제를 받았다고 하자. 재능만 믿는 사람은 그건 힘든 일이라고 질겁하고 포기한다. 하지만 끈기를 믿는 사람은 해볼 만하다고 말한다. 하루에 세 시간만 걸으면 7년 후 지구 한 바퀴를 돌 수 있다고 말이다. 이렇듯 성공이라는 못을 박으려면 끈기라는 망치가 필수적이다.

당신은 모르지 않을 것이다. 끈기 있는 사람은 웬만한 고통, 실패, 좌절에 쉽게 상처 입지 않는 단단한 내공을 가지고 있다는 사실을.

06

남녀 차이를
파악하라

　세상의 절반은 남자다. 여성으로 살아가는 동안 어느 곳에서든 반드시 남성을 만난다. 학과, 동아리, 종교 기관, 봉사 단체, 직장 등 남자가 없는 곳은 떠올리기 힘들다. 사실 일부 예외를 제외하곤, 여성은 집안에서부터 이미 남성과 함께 살아왔다. 아버지라는 남성과 말이다.

　요즘 20대 여성은 당당하게 자기주장을 펴면서 남성과 함께 어울려 살고자 한다. 과거와 달리 여자라는 이유로 남자에게 종속되길 거부한다. 그런데 여성은 남성에 대해 잘 알고 있는가? 남성만의 특별한 성향을 아는가? 여자와 남자의 차이를 알지 못하고서는 결코 남성과 원만히 살아갈 수 없다.

특히, 이성으로서 남자와 관계를 맺을 때는 더욱 그렇다. 여자와 남자의 차이를 모르면 남자와 만족스러운 관계를 이어갈 수 없다. 항상 삐걱거리는 관계로 인해 스트레스를 받게 된다. 대표적으로 남자와 여자의 차이는 이성에 반하는 순간에서 알 수 있다.

	남자	여자
1위	이것저것 복스럽게 먹는 모습을 보일 때(32%)	몸에 밴 매너가 느껴질 때(41%)
2위	묶은 머리가 잘 어울릴 때(29%)	중저음 목소리로 존댓말을 할 때(22%)
3위	머리카락에서 좋은 향기가 날 때(26%)	좋은 향기가 날 때(20%)
4위	아이와 동물을 좋아하는 모습을 보일 때(7%)	팔에 잔 근육이 보일 때(10%)
5위	자신과 취미가 같을 때(3%)	업무 통화를 할 때(4%)

이와 함께 여성이 연애 경험 있는 남성을 선호하는 것과 달리 남자는 그렇지 않다. 왜냐하면, 여성은 연애 경험이 많은 남성은 일일이 설명하지 않아도 여자의 마음을 잘 이해해주어 편하기 때문이지만, 남자는 여자의 서툴고 풋풋한 모습을 좋아하기 때문이다. 외도에 대한 기준도 다르다. 여자는 정신적 흔들림을 크게 중요시하지만, 남자는 육체적 관

계를 중요시한다. 외도가 의심될 때도 마찬가지다. 여자는 남자의 SNS에 모르는 친구가 많아질 때지만, 남자는 여자의 스타일이 바뀌거나 쇼핑을 자주할 때다.

대화 스타일에서도 남녀 차이가 두드러진다. 기본적으로 여자는 자신을 감추길 바라지만, 남자는 자신을 과시하길 좋아한다. '고등학교 때 한번 공부를 했다면 전교 10등 안이었어', '축구만큼은 내가 박지성이야', '우리 과에서는 내가 아이돌 못지않게 인기 많아서 말이야' 이런 식이다. 이는 여성의 호감을 사기 위한 생물적 본능이다.

또한, 대화하는 목적도 다르다. 이성 친구와 이별을 해서 허한 마음에 친구와 대화를 한다고 하자. 이때 여자는 자신의 이야기를 잘 들어주고 공감해주는 대화를 원한다.

"마음 많이 아프겠다. 네가 슬프니까 나도 그래. 그래도 우리 힘내자. 화이팅!"

이에 반해 남자는 속 시원한 해결책을 주는 대화를 원한다.

"그까짓 것 잊어버려라. 세상의 반이 여자 아니냐? 내가 미팅 주선해줄게."

《화성에서 온 남자 금성에서 온 여자》를 쓴 존 그레이John Gray는 다음처럼 말했다.

"서로 다를 수밖에 없다는 사실을 인식하지 못한다면 남자와 여자는 서로 충돌하게 된다. 이성으로 인해 화가 나거나 실망하는 것은 대개 이 중요한 진리를 망각했기 때문이다. 우리는 상대방 이성이 우리 자신과 비슷해지기를 기대한다. 또 그들이 '우리가 원하는 것을 원하고 우리가 느끼는 대로 느끼기'를 바란다."

이성 남자와 갈등하고 다투게 되는 건 여성과의 차이를 망각하기 때문이라고 한다. 차이를 부정하고 자신과 같아지기를 바라면서 문제가 생긴다는 것이다.

이는 이성 관계에만 한정되지 않는다. 학과, 동아리, 회사, 가정 등에서 만나는 동료와 선후배, 부녀 관계에서도 그렇다. 단지 당당한 자기주장만으로는 남자와 바람직한 관계를 만들 수 없다. 자신과 화성인 남자의 차이를 숙지하고 존중하며 서로 주파수를 맞추어가야 한다. 그래야 화성인 남자와의 '관계 만족도'가 높아진다.

07

언니 같은 코치를
옆에 두라

"유명 인사의 콘서트와 강연회, 멘토링 프로그램에 참여해보면 하나같이 비슷한 결론을 주는 거예요. '그럼에도 긍정하라', '강한 신념을 가져라', '끝끝내 열정을 놓치지 마라' 성공한 위치에 오른 분들이 이런 식상한 말을 늘어놓으니 도움받을 게 전혀 없어요."

모 여대생이 푸념 어린 말을 했다. 그녀는 멘토의 일방적이고 도식적인 해답에 별 감흥을 받지 못했다. 그렇지만 그녀는 누군가의 도움이 필요한 상황이었다. 막 성인이 된 그녀는 인생의 선배에게 앞으로 많은 조언을 듣고 싶어 했다.

'인간관계에서 갈등이 생기면 어떻게 풀어야 하나요?'

'직업을 선택할 때는 무엇에 중점을 두어야 하나요?'

'학점을 높이려면 어떻게 해야 하나요?'

그녀의 머릿속은 이런 고민들로 가득했다. 그런 그녀에게 멘토는 큰 의미가 없는 듯했다. 그녀에게 자신 있게 말해주었다.

"요즘 다들 그렇죠. 멘토가 수직적 관계에서 멘티에게 해답을 딱 던져주는 데 회의감을 품는 청춘이 많아지고 있어요. 멘토는 마치 자신의 입에 밥을 떠먹여 주는 것 같아서 자신이 할 일이 없다는 거예요. 그러면서 이제는 스스로 해답을 찾아가는 기회를 얻고 싶다고 하죠. 그래서 필요한 게 코치입니다."

내게는 70여 개에 달하는 자격증이 있는데 그 가운데 하나가 라이프 코치 자격증이다. 꽤 전문적으로 코치 과정을 밟았다. 사실 코치는 멘토의 한계를 뛰어넘는 이점을 가지고 있다. '멘토'라 하면 교사가 학생들에게 일방적으로 가르친다는 인상을 풍기기 때문에 자유분방한 요즘 청춘에게 잘 맞지 않는다.

코치는 이와 다르다. 코치는 마치 링 위에서 선수와 함께 스파링을 하는 상대와 같다. 선수는 스파링을 통해 스스로 자신의 강점과 약점을 발견하고, 강점을 더 보강해나간다. 기본적으로 코치는 3가지 믿음 가지고 있다.

1. 모든 사람에게는 무한한 가능성이 있다.

2. 필요한 해답은 모두 그 사람 내부에 있다.

3. 해답을 찾기 위해서 동료가 필요하다.

이 중 세 번째 동료 역할을 코치가 한다. 코치는 개인의 자아실현을 지원하는 시스템이자, 개인의 잠재력을 극대화해 더 높은 수준으로 나아가도록 인도하는 기술이다. 오랫동안 라이프 코치로 활동하면서 질문과 경청, 공감, 동기 부여, 격려와 칭찬을 통해 한 개인이 겪는 문제를 스스로 해결해나가도록 많은 도움을 줬다.

코치를 받은 사람들은 하나같이 이렇게 말했다.

"나 스스로 해법을 찾았다는 것이 너무 기쁩니다. 원래 해답은 전문가에게 받아야 하는 것으로 알았는데 그게 아니네요. 한번 누군가에게서 해법을 받았다면 그건 그때뿐이겠죠. 그런데 이번에는 내 스스로 해법을 찾았으니까 앞으로 다른 문제도 혼자 해결할 수 있을 것 같아요."

"나는 CEO가 아니라 코치다"

닛산 자동차 카를로스 곤Carlos Ghosn 사장이 한 말이다. 이 선언 이후 600여 명에 이르는 직원을 대상으로 직접 코치로 나서 교육했고, 이를 통해 파산 직전의 회사를 살려냈다. 전 제너럴일렉트릭의 잭 웰치 John Frances Welch Jr 회장 또한 코치를 강조한다. 그는 변화의 시대에 직원의 자발적인 참여를 유도하고 잠재력을 끌어낼 힘이 필요한데 그것이 바로 코치라고 말했다.

삶의 좌표를 잃었는가? 한 걸음도 내딛기 힘든가? 누구와도 정상적인 인간관계를 맺기 어려운가? 그렇다면 함께 땀을 흘리면서 뛰어줄 코치를 옆에 두자. 그 코치는 언니처럼 자상한 어조로 함께 고민해보자고 하면서, 내 안에 들어 있는 황금 열쇠를 꺼내도록 도움을 준다. 코치가 옆에 있다면, 자신감이 샘솟을 것이다.

08

상대의 장점을
찾아라

"소장님, 다른 팀원과 함께 일하는 게 힘들어요."

모 기업체에서 조직 활성화 워크숍을 할 때 신입 여직원 하나가 말했다. 그녀는 서울 출신에 서울 소재 대학을 나왔지만, 취업 한파로 하향지원을 해 대전 지역 중소기업에 근무하고 있었다. 그녀가 속한 영업 팀에는 지방대 출신, 전문대 출신에 고졸자도 섞여 있었다.

회사 대표가 능력 위주로 직원을 뽑았기에 직원들 성향도 매우 다양했다. 그런데 그녀는 다른 팀원들이 못마땅했다. 자신보다 학력도 뒤처지고, 토익 점수도 낮았다. 심지어 다른 팀원들이 자신보다 일을 잘하지 못한다는 선입견을 품었다.

그녀의 이야기를 듣고 나서 입을 열었다.

"대표님이 여러 성향의 직원을 뽑을 때는 다 이유가 있겠죠. 그렇게 했을 때 생산성이 높다는 걸 잘 파악했을 거예요. 문제는 마음 자세가 아닐까요? 다른 동료들이 못한 점도 있겠지만 잘 살펴보면 좋은 점도 많을 거예요. 못한 점만 보면 동료가 호감을 드러내지 않을 거예요. 그 대신에 좋은 점을 보면, 동료가 호감을 드러낼 거예요. 이렇게 할 때, 다른 팀원과 하나가 되어 일을 잘할 수 있지 않을까요?"

실제로 미국에서 백만장자 100명을 조사해봤더니, 그들의 공통점이 상대의 장점을 인정한다는 것으로 밝혀졌다. 실패하는 사람은 상대의 장점에는 눈 감고 오로지 단점만 찾아내는 사람이라는 사실을 엿볼 수 있다. 비즈니스든 일상생활에서든 누군가 나의 장점을 알아봐 주고 칭찬하고 격려해준다면 그건 정말 기분 좋은 일이 아닐 수 없다. 이렇게 되면 그 누군가에게 매우 친밀감을 느껴서 그가 부탁을 요청하면 흔쾌히 들어줄 용의가 생긴다. 게다가 관계가 틀어질 위기가 닥쳐도, 끈끈하게 이어진 신뢰 때문에 극복할 수 있다.

많은 기업에서 조직 활성화 강의를 해왔다. 그러면서 직원들의 동료 관계, 상사 부하 관계의 원활한 의사소통에 중점을 두어왔다. 의사소통이 물 흐르듯이 잘 되면 회사 내 구성원 관계가 정상적으로 유지될 수 있다고 보았다. 소통 전략에는 여러 가지가 있지만, 제일 핵심은 이것이다.

'상대의 장점을 파악하라.'

조직 활성화 워크숍을 하는 동안 자신과 원만하지 않았던 동료, 상사, 부하 직원에 대한 좋은 점 100가지를 목록으로 작성하도록 한다. 처음에는 어려워 하지만 대부분 거의 다 채운다. 막상 쓰기 시작하면 상대에게 장점이 많다는 걸 깨닫는다. 목록을 쓰고 난 후 이런 반응을 보인다.

"K 씨에게 이렇게 좋은 점이 많을 줄 몰랐어요. 나만 잘난 줄 알고 우쭐댔는데. 앞으로 상대 팀원의 장점을 인정해주고, 서로 잘해보자고 말해야겠어요."

"늘 직원들이 못마땅했는데 인제 보니 내가 잘못 생각했다는 걸 알겠어요. 이렇게 우수한 직원들이 회사를 위해 열심히 구슬땀을 흘리는데 대표인 내가 더 책임감을 갖고 일해야겠다는 각오를 다지게 됩니다."

"사람을 싫어하는 성격을 고치는 간단한 방법은 한 가지밖에 없다. 상대의 장점을 발견하는 것이다. 장점은 반드시 발견된다."

데일 카네기의 말이다. 인간관계로 인한 상처 때문에 사람을 피하는 이들이 적지 않다. 대부분 문제의 원인을 남의 탓으로 돌리고 혼자 지내려고 한다. 하지만 혼자는 한때일 뿐이다. 잠깐 그런 시간을 보내는 건 유익할 수 있지만, 평생을 혼자 지낼 순 없다. 결국, 사람들과 함께하는 관계의 숲으로 나아가야 한다.

그래도 상처받을까 하는 걱정이 앞서는가? 그렇다면 방법은 하나다. 상대의 장점을 보고, 칭찬과 격려를 아끼지 마라. 누구나 자신을 더 돋

보이게 하는 거울 앞에 서고자 한다. 조금이라도 더 키가 크게 나오고, 더 피부가 곱게 나오는 거울을 선호한다. 상대의 장점을 보는 순간, 관계에서 생기는 상처에 대한 걱정을 훌훌 털어버릴 수 있다. 상대가 환한 웃음보따리를 싸 들고 오기 때문이다.

09

사람을 얻는
화술을 갖추라

"화술에 문제가 있습니다. 그런 대화로는 절대 동료들에게 좋은 반응을 얻을 수 없어요."

늘 동료에게 따돌림을 받는 백화점 관리직 여직원에게 한 말이다. 그녀는 나름대로 일을 열심히 했지만, 동료들과 관계가 원만하지 않았기에 근무 평가 점수가 좋게 나오지 않았다. 그녀와 한 시간여 대화해본 결과, 그 원인을 파악했다. 그녀는 고집이 워낙 세서 타인의 의견에 잘 동조하지 못했다.

"아니고요."

"저는 다른 생각이에요."

"그건 아닌데요."

이렇듯 부정적인 말로 내 말을 뚝뚝 자르기 일쑤였고, 또한 내가 한 말과 다른 방향으로 몰아가기 일쑤였다. 패션에 대해 이야기를 하면 요리에 대한 이야기를 꺼냈고, 서비스에 대해 이야기를 하면 날씨 이야기를 했다. 그녀는 대화할 때 비딱해지길 좋아했기에 대화를 하는 동안 아주 진땀을 뺐다.

이 여성 외에도 잘못된 화술 때문에 정상적인 인간관계를 맺지 못하는 경우가 허다하다. 어떤 여성은 목소리가 아주 약해서 말의 전달력이 떨어지고, 어떤 여성은 늘 조리 없는 말만 늘어놓고, 어떤 여성은 공주병에 걸린 듯 상대를 무시하는 말을 일삼는 경우를 종종 접한다.

사람들과 잘 어울리기 위해서는 무엇보다 말이 중요한데, 이처럼 말을 잘 못한다면 그만큼 경쟁력이 떨어질 수밖에 없다. 스펙 면에서 똑같은 조건이라도 해도, 화술이 뛰어난 여성이 더 주목을 받고 더 좋은 평가를 받는다.

말이 바뀌면 인생이 달라진다는 말이 있다. 말을 잘하는 것은 결코 화술이 좋아지는 것으로 끝나지 않는다. 버락 오바마를 보자. 그는 흑인 출신에 가난했으며 학력이 좋지 않았기에 지긋지긋한 콤플렉스가 따라붙었다. 그가 180도 달라진 건 옥시덴탈 대학에서 자신이 했던 〈누군가 투쟁하고 있습니다〉라는 감동적인 연설 때문이다.

그는 자신이 말을 잘한다고 생각하지 않았다. 실제로 말을 잘하지도 않았다. 그런데 막상 그가 이 1분짜리 감동적인 연설을 마치고 나자 많은 학생의 가슴이 울렸고, 학생들은 그를 격려했다. 이런 계기로 그는 자신의 말로 많은 사람에게 희망을 줄 수 있다는 자신감을 얻었을 뿐 아니라 서서히 열등감을 극복할 수 있었다.

이후 그는 자신은 결코 작지 않으며 흑인을 위해 할 일이 많다고 자각했다. 이로부터 방황을 끝내고 자기 갱신에 갱신을 거듭해, 컬럼비아대, 하버드대 로스쿨을 탁월한 성적으로 졸업했다. 그리고 마침내 전 미국인을 감동의 소용돌이 속으로 몰아넣는 놀라운 연설을 통해 미국 대통령이 되었다.

오바마가 자신에게 탁월한 말하기 재능이 있었다는 걸 몰랐다면 어떻게 되었을까? 설령 알았더라도 더 갈고 닦지 않았다면? 그는 아마 평범한 일반인으로 살아갔을지 모른다. 하지만 그는 자신의 재능인 말하기를 잘 살려 나감으로써 화려한 인생 역전을 이루어냈다.

오프라 윈프리도 그렇다. 그녀는 처음부터 세계적인 토크쇼 프로그램 진행자가 아니었다. 어둡던 과거 때문에 항상 우울했다. 그런 그녀가 어느 프로그램에서 자신의 슬픈 과거 이야기를 훌훌 털어놓은 것을 계기로 전 미국인의 공감을 얻는 토크쇼의 명진행자가 될 수 있었다.

그녀의 인생 역전에서도 말이 중요한 역할을 했다. 오늘날의 오프라 윈프리를 만든 건 세련된 화술이 아니라 진솔한 화술이다. 자신의 상처, 아픔, 콤플렉스를 가감 없이 털어놓는다. 그 화술이 한번 터지고 나자 그녀는 마치 날개를 단 듯 미국 전역을 날아다녔다.

'화술을 익혀라.', '대화법을 배워라.', '스피치를 배워라.' 이런 홍보

문구를 종종 접할 것이다. 실제로 말하기를 배우면 여러모로 많은 도움을 받을 수 있다. 말을 잘하려면 긍정적인 태도를 지녀야 하므로 웃음이 몸에 밸 수 있고, 또 자신의 말에 확신이 있어야 하기에 자신감이 배가된다. 이와 함께 빼놓을 수 없는 이득이 있다. 말 잘하는 사람 곁에는 항상 사람이 끊이지 않는데, 이는 곧 좋은 화술이 있는 사람은 인복이 많다는 뜻이다.

10

매력은
선택 아닌 필수

원래 힐러리 클린턴Hillary Rodham Clinton은 우아하면서도 세련된 모습이 아니었다. 대학생 때 그녀는 화장을 하지 않은 얼굴에 안경을 쓰고 갈색 머리를 치렁치렁 길렀다. 옷 또한 평범하기 그지없었다. 눈에 띄지 않는 무채색 셔츠에 청바지를 즐겨 입었다.

이런 그녀가 자신의 이미지를 바꾼 것은 정치에 나서면서다. 안경을 버리고 콘택트 렌즈를 착용했으며 때때로 머리띠를 하기도 하고, 감각적인 드레스와 정장 차림으로 대중의 이목을 사로잡았다. 그녀가 대선에 나설 때는 푸른색 정장으로 미래지향적인 이미지를, 붉은색 정장으로 열정적인 이미지를 보여주었다. 이때부터 그녀는 매력 넘치는 여성 정치인으로 통했다.

이제 누구도 과거의 밋밋한 힐러리를 떠올리지 않았다. 힐러리는 무엇 때문에 외모 변신을 시도한 걸까? 그 이유는 외모가 풍기는 매력적인 이미지가 막강한 권력이기 때문이다. 돈과 지위만 권력이 될 수 있는 게 아니라 외모의 매력 또한 무시하지 못할 권력이다.

여성에게 '외모를 잘 가꾸라', '외모에 신경을 쓰라'라고 하면 오해받기 쉽다. 여성을 외모 지상주의의 노예로 만드는 게 아니냐는 것이다. 그러나 힐러리의 예를 통해 강조하고 싶은 것은 외모 지상주의가 아니라 '매력 지상주의'다. 자신의 외모를 잘 가꿈으로써 자신감을 배양하는 것은 물론 경쟁력을 높이자는 의미다.

사람은 시각적인 자극에 매우 민감하다. 아무리 사람 내면의 품성, 자질, 능력을 중시한다 하더라도 한 사람을 판단할 때는 시각적 요소가 크게 작용할 수밖에 없다. 누군가를 처음 만났다고 하자. 한 사람은 자신이 늘 입던 옷을 입고 나타났고, 한 사람은 신경을 써서 정장을 입고 나타났다. 그런데 전자가 더 품성이 좋으며 능력이 있고, 후자는 그렇지 않다고 하자. 그러면 사람들은 누구에게 더 매력을 느낄까? 그렇다. 후자다. 호감을 주는 후자의 외모를 통해 그의 내면 또한 긍정적으로 평가받는다.

그래서 여성 특유의 매력을 자기만의 힘으로 만들 필요가 있다. 매력의 중요성은 아무리 말해도 부족하지 않다. 취업을 준비하는 중이라면

이 점을 특히 유념하자. 지인이 운영하는 회사의 인사 담당자에 따르면 면접 시 실력이 똑같은 지원자가 둘 있다면, 더 매력적인 지원자를 뽑는다고 한다. 외모가 매력적인 지원자에게서 더 열정적이고 진취적인 기운을 느끼기 때문이다.

21세기는 '매력의 시대'라는 말이 있다. 세계적인 경영 컨설턴트 브라이언 트레이시Brian Tracy는 〈타임〉지에 소개된 유명 인사들이 성공하게 된 중요한 요소를 '매력'이라고 분석했다. 이와 함께 하와이대 미래전략센터 짐 데이토Jim Dator 소장은 "미래 사회에는 국민총생산GNP대신 국민총매력지수GNC가 부를 측정하는 기준이 된다"라고 전망한다.

영국과 미국의 연구 결과와 아르헨티나 대학생들을 대상으로 한 연구 결과도 마찬가지다. 빼어난 외모로 얻는 프리미엄은 약 15%이며, 실제 매력적인 사람의 소득이 그렇지 않은 사람보다 15% 정도 높다고 밝혀졌다.

매력을 높이려면 어떻게 해야 할까? 우선, 일차적인 이미지 요소인 표정, 헤어, 메이크업, 패션, 목소리, 보디랭귀지 같은 시각적, 청각적 이미지를 개선해야 한다. 이와 함께 이차적 이미지 요소인 매너, 태도, 습관 같은 내면적 이미지를 고쳐나가야 한다.

'난, 난 꿈이 있었죠. 버려지고 찢겨 남루하여도 내 가슴 깊숙이 보물과 같이 간직했던 꿈…….'

〈거위의 꿈〉이란 노래의 가사다. 이 노래를 부르는 인순이의 나이는 놀랍게도 예순하나다. 환갑을 넘긴 나이에도 그녀는 여전히 청춘인 듯한 매력을 풍긴다. 그녀가 열정적으로 노래를 부르는 모습을 보고 있노라면 그녀의 나이를 잊고 만다. 게다가 흑인 혼혈로서 맞닥뜨릴 난관을 뚫고 꿈을 이루었기에 더욱 감동적이다. 그녀는 외형적인 이미지뿐만 아니라 내면적 이미지를 통해 매력 지수를 높이는 데 성공했다.

외모를 통해 자신감을 지니고 타인을 끌어당기는 힘을 기르자. 나만의 매력 지수를 높이자. 매력적으로 점차 변해가면서 자신에 대한 확신이 생길 뿐만 아니라 타인에게서 설득을 잘 이끌어낼 수 있다. 노벨경제학상을 받은 대니얼 카너먼Daniel Kahneman 교수는 "성공을 위한 가장 중요한 조건은 지능이나 학벌, 운이 아니라 바로 매력이다"라고 말했다.

특히, 매력은 자존감을 위한 필수 조건이라고 해도 과언이 아니다.

11

통장 잔고를
늘려라

욜로족인 한 여성이 있다. 욜로YOLO는 'You Only Live Once'의
약자로 그 뜻은 '인생은 한 번뿐'이다. 그녀는 작은 기업체의 신입 사원
이었는데, 결혼 계획 없이 자신을 위해 아낌없이 돈을 사용했다. 작은
원룸에 살고 있지만 명품 옷과 치렛감을 샀고, 주말마다 고가 스파를 받
았으며, 휴가철에는 해외여행을 다녔다.

그녀는 자기가 그 누구보다 소중하다고 생각하고 있었다. 미래도 남
자 친구도 부모도 그 무엇도 현재의 자신을 대신할 수 없다고 보았다.

현재 자기 자신의 요구에 충실했다. 그런데 그녀에게는 불안이 떠나질 않았다. 연애를 못 해서도, 결혼 계획이 없어서도 아니었다. 그녀는 고민스런 표정으로 말했다.

"혼족의 자유가 언제까지 지속할지 늘 걱정입니다. 저는 다행스럽게 직장이 있어 필요한 만큼 돈을 벌고 있지만, 몇 년 뒤는 어떻게 될지 장담할 수 없잖아요. 회사를 옮길지, 백수로 지내게 될지 전혀 예측 불허죠."

그녀에게 필요한 말을 해주었다.

"혼족의 여유로운 자유는 결국 돈이 있어야 가능합니다. 돈이 없는 혼족의 자유는 무의미하지 않을까요? 요즘 청춘은 많은 걸 포기하고 살고 있어요. 그러면서 혼자인 자신을 위해 마음껏 돈을 사용하는 쪽으로 흘러가고 있죠. 하지만 그건 돈이 있어야 가능합니다. 결코 많은 돈이 아니라 앞으로 미래를 대비하는 차원에서 일정한 돈이 필요합니다. 돈이 있어야 미래에 대한 근심을 덜 수 있습니다."

그녀의 불안은 결국 돈에서 찾을 수 있었다. 어느 정도 돈을 모아놓은 상태가 되어야 미래에 어떤 상황이 닥쳐와도 견딜 수 있다. 그런데 그녀는 많지 않은 월급을 그때그때 쓰고 말았다. 연말이 되면 늘 통장 잔액이 바닥이었고, 또 수백만 원에 달하는 카드 연체 금액이 있었다. 이렇게 되니 아무리 현재를 즐기노라 하지만 불안할 수밖에 없었다.

아무리 욜로족이라고 해도 어김없이 미래는 성큼 다가온다. 지나고 나면 20대는 한순간이지만, 그 후의 삶이 더 오래 지속된다. 그러니 앞으로 다가올 시간에 대한 대책과 설계가 필요하다. 그러기 위해선 얼마

안 되는 돈이라도 아끼고 저축해서 미래를 위한 든든한 버팀목을 만들어야 한다. 얼마 안 되는 돈밖에 못 번다는 핑계로 잔액 없는 나날을 보낸다면, 해가 바뀔 때마다 불안감이 엄습해올 게 뻔하다.

대학에 다닐 때 불안에 시달렸는데 그건 미래의 불확실보다는 가난 때문이었다. 가난 때문에 아르바이트를 10여 개 하면서도 늘 학비를 내지 못할까, 생활비가 바닥날까 전전긍긍했다. 생활비와 학비에 허덕이느라 그야말로 혼족이었던 나는 대학 생활의 낭만을 제대로 즐기지 못했다. 이런 나날이 이어지던 어느 날 경제적 궁핍에서 벗어나 자립을 하고자 여군에 자원입대했다.

여군이 되자 몸이 시달리기는 했지만 돈 걱정에서는 해방되었다. 비록 적은 월급이지만 그 돈을 계획성 있게 사용하면서 생활의 여유를 얻을 수 있었다. 처음으로 다음 달 생계비 걱정을 하지 않았고, 통장에 잔액이 조금씩 쌓여가자 미래를 계획할 수 있었다.

해외여행을 갔다고 하자. 그런데 어떤 사람은 여행 경비를 빠듯하게 준비했지만, 어떤 사람은 비상금을 두둑이 챙겼다. 누가 더 여행을 즐길 수 있을까? 물어보나 마나 후자다. 전자는 예상하지 못할 일들로 지출을 더 하게 될까봐 늘 불안에서 벗어나지 못한다. 하지만 후자는 여유로움을 잃지 않는다. 혼족의 인생도 마찬가지다.

돈에 대해 잘 모르는 여자라고 해서 순수하다고 대접해주는 시대가 아니다. 여우처럼 더 악착같이 돈에 대해 알아야 하고, 이를 바탕으로 차곡차곡 통장의 잔액을 늘려가야 한다. 우선 간단한 것에서부터 시작하자. 다음 4가지를 실천하다 보면, 불안이 가시고 생활의 여유를 즐길 수 있다.

1. 쇼핑 중독에서 탈출하기
2. 명품은 절약한 돈으로 사기
3. 연체하지 않기
4. 내 집 마련 저축하기

12

지금 당장
행복하라

프랑스의 모 여기자가 한중일 국민 성향에 대한 재미있는 평가서를 내놓았다. 무표정하게 느긋하게 걸어오는 사람, 온화하게 바삐 걸어오는 사람, 화난 표정으로 급하게 걸어오는 사람. 이렇게 한중일 국민을 세 가지로 분류했다.

앞은 중국인이고, 중간은 일본인이고, 마지막은 한국인이다. 과장된 평가인 걸까? 아쉽게도 그렇지 않다. 2015 미국 여론조사기관인 갤럽의 행복 지수 조사에 따르면, 세계 143개국 가운데 한국은 행복 지수가

118위로 나타났기에 한국인의 표정이 화난 것처럼 보이는 당연하다.

왜 우리 국민은 경제 대국에 살면서도 행복하지 못할까? 무엇보다 20대 여성이 행복하지 않은 이유가 뭘까? 우리는 10대부터 입시 지옥에 시달리느라 제대로 행복을 맛볼 수 없었다. 그런데 막상 대학에 들어오고 보니 또 다른 지옥이 기다리고 있다. 취업 한파가 그것이다. 그래서 다들 한숨 쉬면서 말한다.

"슬프고 우울해요."

"하루하루가 비참해요."

"아르바이트로 생계를 이어가자니 너무 힘들어요."

무엇보다 20대 여성의 행복을 위해선 기성세대가 앞장서서 그들에게 미래에 대한 희망을 줘야 한다. 더 많은 일자리, 안정적인 직장 그리고 열심히 일하면 대가를 받는 사회 구조를 만들어야 한다. 그런데 이게 전부일까? 앞서 언급한 부탄은 경제 수준이 낮았는데도 행복 지수가 세계 1위다.

따라서 물질적인 여건을 마련하는 것 이상이 필요하다. 앞서 말한, 부탄 국민이 행복한 이유 중 하나를 종교 생활로 보는 이도 있다. 이들은 물질적 여건과 상관없이 늘 행복할 수 있는 마음의 튼튼한 근력을 가지고 있다.

이 시대 20대 여성도 물질에 연연하지 않는 마음의 자세를 기를 필요가 있다. 돈을 많이 벌지 못하는 아르바이트를 하더라도, 전혀 돈을 벌지 못하는 백수이더라도, 기본적으로 늘 행복할 수 있는 마음의 근력을 키우자. 왜냐하면 행복은 무언가가 채워진 미래에만 얻을 수 있는 게 아니기 때문이다. 행복은 바로, 지금 여기에서 온전히 쟁취되는 거다.

세계적인 동기 부여 작가 앤드루 매튜스Andrew Matthews는 말했다.

"행복은 현재와 관련되어 있다. 목적지에 닿아야 행복해지는 것이 아니라 여행하는 과정에서 행복을 느끼기 때문이다."

행복은 내가 소리를 내지를 때 비로소 울려오는 메아리 같다. 내가 크게 지르면 지를수록 산은 더 큰 메아리로 화답해온다. 하지만 내가 가만히 있으면 그 어디에도 메아리가 찾아오지 않는다. 그러니 행복하지 않다고 두 손 놓고 있을 게 아니라 최선을 다해 행복함을 느끼도록 노력해야 한다.

그러기 위해선 더 잘 행복을 느낄 수 있는 뇌를 만들어보는 것도 좋다. '행복한 뇌' 말이다. 《해피브레인》의 지은이 히사쓰네 다쓰히로久恒辰博는 잘 먹고, 잘 쉬고, 적당히 운동하고 감동을 주면 사람은 행복을 잘 느끼는 뇌가 된다고 한다. 그는 '행복한 뇌'가 지닌 이점을 이렇게 말한다.

"'행복한 뇌'일 때는, 긍정적인 방향으로 뉴런(뇌의 신경세포)과 뇌 회로가 성장한다. 그러면 기억력·사고력·창의력·적응력이 높아져서 일이나 공부 성과가 당연히 향상된다. 그리고 조그만 일에도 행복을 느끼게 되어 마음의 여유가 생기며, 타인에게 친절하게 대하고 감사할 수 있게 되어 인간관계가 좋아질 가능성도 높다."

어느 것 하나 풍족하지 않지만 그 속에서 행복을 느껴보자. 지금 온전히 행복에 전염되고, 절대 행복을 미래로 미루지 말자. 허기지고 결핍된 상황에서도 행복할 수 있는 마음의 근력, '행복 뇌'를 기르자. 20대 여성인 우리는 지금 당장 행복할 충분한 이유가 있다. 러시아의 대문호 도스토옙스키Fyodor Mikhailovich Dostoevskii는 말했다.

"인간이 불행한 것은 자기가 행복하다는 것을 모르기 때문이다. 이유는 단지 그것뿐이다. 그것을 자각한 사람은 곧 행복해진다. 일순간에."

부록
:
자존감 테스트

쿠퍼스미스의
자존감 테스트

다음 문항을 읽고 '그렇다', '아니다' 둘 중 하나로 답한 후, 문항 아래에 표기된 답과 비교해보자. 똑같이 나온 답의 개수에 4배를 하면(일치하는 답의 개수 × 4) '자존감 점수'가 매겨진다. 100점에 가까울수록 자존감이 높다는 뜻이다.

1. 가끔 내가 아니었으면 하고 바란다.   (   )

2. 여러 사람 앞에서 말하기가 힘들다.   (   )

3. 나는 고칠 게 아주 많다.   (   )

4. 큰 어려움 없이 마음을 결정할 수 있다.   (   )

5. 다른 사람들은 나와 함께 있으면 좋아한다.   (   )

6. 집에서 쉽게 언짢아진다.   (   )

7. 새로운 것에 익숙해지기까지 많은 시간이 걸린다.   (   )

8. 친구들에게 인기가 있다.   (   )

9. 우리 가족은 나에게 지나치게 많은 것을 기대한다.   (   )

10. 우리 가족은 나의 감정을 대체로 배려하는 편이다.   (   )

11. 아주 쉽게 포기한다.   (   )

12. 있는 그대로 자신을 드러내기가 매우 어렵다.   (   )

13. 나는 못났다.   (   )

14. 다른 사람들은 대체로 나의 생각을 따라주는 편이다.　(　)

15. 나 자신을 낮게 평가한다.　(　)

16. 집을 나가고 싶을 때가 여러 번 있다.　(　)

17. 내가 한 일에 대해 가끔 언짢게 느낀다.　(　)

18. 다른 사람들보다 잘생기지 못했다.　(　)

19. 할 말이 있다면 대체로 하는 편이다.　(　)

20. 우리 가족은 나를 이해한다.　(　)

21. 다른 사람들은 나보다 더 사랑받는다.　(　)

22. 나는 종종 우리 가족이 나를 밀어붙이는 것처럼 느낀다.　(　)

23. 나는 가끔 내가 하는 일에 대해 실망할 때가 있다.　(　)

24. 나를 괴롭히는 일은 별로 없다.　(　)

25. 나는 다른 사람들이 기댈 만한 사람이 못 된다.　(　)

답 1. 아니다 / 2. 아니다 / 3. 아니다 / 4. 그렇다 / 5. 그렇다
6. 아니다 / 7. 아니다 / 8. 그렇다 / 9. 아니다 / 10. 그렇다
11. 아니다 / 12. 아니다 / 13. 아니다 / 14. 그렇다 / 15. 아니다
16. 아니다 / 17. 아니다 / 18. 아니다 / 19. 그렇다 20. 그렇다
21. 아니다 / 22. 아니다 / 23. 아니다 / 24. 그렇다 / 25. 아니다

참고문헌

김난도, 『아프니까 청춘이다』, 쌤앤파커스, 2010.

김범영, 『패션 테라피』, 지식과감성, 2016.

김선현, 『그림의 힘』, 에이트포인트, 2015.

김소형, 『디톡스 다이어트』, 디자인하우스, 2003.

나다니엘 브랜든, 김세진 역, 『자존감의 여섯 기둥』, 교양인, 2015.

단테 알리기에리, 유필 역, 『단테의 신곡』, 밀리언셀러, 2011.

데이빗 스톱 외, 정성준 역, 『부모를 용서하기 나를 용서하기』, 예수전도단, 2001.

데일 카네기, 김지현 역, 『데일 카네기의 인간관계론』, 미래지식, 2015.

도미니크 로로, 『심플하게 산다』, 바다출판사, 2012.

미란다 줄라이, 해럴 플레처, 김지은 역, 『나를 더 사랑하는 법』, 앨리스, 2009.

미우라 쇼마, 이용택 역, 『습관의 시작』, 마일스톤, 2017.

박수애, 김현정, 『거절 못하는 나는 분명 문제가 있다』, 원앤원북스, 2004.

법정, 『무소유』, 1972.

브로니 웨어, 유윤한 역, 『내가 원하는 삶을 살았더라면』, 피플트리, 2013.

셰퍼드 코미나스, 임옥희 역, 『치유의 글쓰기』, 홍익출판사, 2008.

슈테파니 슈탈, 김시형 역, 『심리학, 자존감을 부탁해』, 갈매나무, 2016.

앤절라 더크워스, 김미정 역, 『그릿』, 비즈니스북스, 2016.

에이미 해리스, 신유나 역, 『완전한 자기긍정 타인긍정』, 옐로스톤, 2014.

원동연, 『해피엔딩 노년의 인생학』, 김영사, 2005.

유안진, 『실패할 수 있는 용기』, 서울대학교출판부, 1993.

윤홍균, 『자존감 수업』, 심플라이프, 2016.

이무석, 『자존감』, 비전과리더십, 2009.

이병욱, 『울어야 삽니다』, 중앙m&b, 2011.

조앤 롤링, 김혜원 역, 『해리포터와 마법사의 돌』, 문학수첩, 2014.

조지 베일런트, 이덕남 역, 『행복의 조건』, 프런티어, 2010.

존 그레이, 김경숙 역, 『화성에서 온 남자 금성에서 온 여자』, 동녘라이프, 2010.

카트린 지타, 박성원 역, 『내가 혼자 여행하는 이유』, 걷는나무, 2015.

파울로 코엘료, 최정수 역, 『연금술사』, 문학동네, 2001.

히사쓰네 다쓰히로, 정광태 역, 『해피브레인』, 함께북스, 2008.

김영욱, 「인문학 교육이 중학생의 자아존중감에 미치는 영향」, 2013.

20대 여성을 위한

자존감을 높이는
50가지 습관

초판 1쇄 발행 2017년 9월 8일
초판 2쇄 발행 2021년 9월 27일

지은이 정지승
펴낸이 박수길
펴낸곳 (주)도서출판 미래지식
책임 편집 김아롬, 박유진
디자인 그래픽디자인스튜디오 봄꽃처럼 김상희

주소 경기도 고양시 덕양구 통일로 140 삼송테크노밸리 A동 3층 333호
전화 02)389-0152
팩스 02)389-0156
홈페이지 www.miraejisig.co.kr
전자우편 miraejisig@naver.com
등록번호 제 2018-000205호

ISBN 978-89-6584-371-9 23190

이 도서의 국립중앙도서관 출판예정도서목록(CIP)은 서지정보유통지원시스템 홈페이지(seoji.nl.go.kr)와
국가자료공동목록시스템(www.nl.go.kr/kolisnet)에서 이용하실 수 있습니다.
CIP제어번호 : CIP2017022480

• 미래지식은 좋은 원고와 책에 관한 빛나는 아이디어를 기다립니다.
  이메일(miraejisig@naver.com)로 간단한 개요와 연락처 등을 보내주시면
  정성으로 고견을 참고하겠습니다. 많은 응모바랍니다.